周骏宇 张 昱◎主编

贸易新业态

MAOYI XINYETAI JIAOCHENG

教程

中国财经出版传媒集团

经济科学出版社
Economic Science Press

图书在版编目（CIP）数据

贸易新业态教程／周骏宇，张昱主编 . -- 北京：
经济科学出版社，2022.12
ISBN 978 - 7 - 5218 - 4428 - 3

Ⅰ.①贸…　Ⅱ.①周…②张…　Ⅲ.①国际贸易 - 贸
易管理 - 教材　Ⅳ.①F74

中国国家版本馆 CIP 数据核字（2023）第 012284 号

责任编辑：杜　鹏　常家凤
责任校对：王肖楠
责任印制：邱　天

贸易新业态教程

周骏宇　张　昱　主编

经济科学出版社出版、发行　新华书店经销

社址：北京市海淀区阜成路甲 28 号　邮编：100142

编辑部电话：010 - 88191441　发行部电话：010 - 88191522

网址：www. esp. com. cn

电子邮箱：esp_bj@ 163. com

天猫网店：经济科学出版社旗舰店

网址：http://jjkxcbs. tmall. com

固安华明印业有限公司印装

710×1000　16 开　10.5 印张　180000 字

2022 年 12 月第 1 版　2022 年 12 月第 1 次印刷

ISBN 978 - 7 - 5218 - 4428 - 3　定价：56.00 元

（图书出现印装问题，本社负责调换。电话：010 - 88191545）

（版权所有　侵权必究　打击盗版　举报热线：010 - 88191661

QQ：2242791300　营销中心电话：010 - 88191537

电子邮箱：dbts@ esp. com. cn）

前　　言

党的十九大报告指出："培育贸易新业态新模式，推进贸易强国建设。"2021 年国务院发布《关于加快发展外贸新业态新模式的意见》，指出："加快发展外贸新业态新模式，有利于推动贸易高质量发展，培育参与国际经济合作和竞争新优势，对于服务构建新发展格局具有重要作用。"同年，商务部发布的《"十四五"对外贸易高质量发展规划》，将"加快发展贸易新业态"列为专项任务。

在实践领域，近年来我国贸易新业态新模式蓬勃发展，成为外贸的新增长点。海关总署数据显示，2021 年我国跨境电商进出口规模达 1.98 万亿元，5 年增长近 10 倍；我国市场采购贸易方式试点市场已扩展到 31 个，市场采购贸易规模 6 年增长 5 倍；在外贸综合服务方面，当前我国外贸综合服务企业已超过 1 500 家。

目前，国内学者针对部分相对成熟的新业态已编写、出版了有关教材，如《跨境电商》《服务外包》等，但综合性的贸易新业态教材在国内还是空白。新业态作为已实际出现的外贸新变化，迫切需要开展理论阐释、历程归纳、经验总结、案例整合、实务规范工作。本教材作者呼应这种需求，开展上述工作，编写了国内第一本综合性的《贸易新业态教程》。

本教材具有以下四个特点。

1. 新颖性

本教材的内容覆盖跨境电商、市场采购贸易、外贸综合服务、数字服务贸易、平行进口、离岸贸易、邮轮旅游、融资租赁、服务外包等最新的外贸新业态新模式，具有很强的新颖性。

2. 综合性

当前外贸新业态新模式的研究分散而杂乱，编者在本教材中做了很好的梳理、整合工作，能全景式、系统化地展示不同贸易新业态的历程、现状与趋势。

3. 应用性

本教材充分体现应用特征，将理论分析与对外开放实践紧密结合，力图让学生能运用教材中的新业态知识分析、研究、解决国际贸易新问题。

4. 生动性

本教材提供了大量生动、鲜活的案例，分布在每一章中。既有企业案例，也有区域案例，还有人员案例；内容丰富，富有可读性。这些案例有助于学生理解有关知识，增加了教材的生动性。

本教材适合本科院校经济学类学生，尤其是国际经贸专业学生学习；也适合在读硕士研究生学习；亦可用于高职院校在校学生的进阶学习，还可作为从事国际贸易实务和管理工作人员的培训教材。

本教材是抛砖引玉之作，请读者们多加指正。

编　者

2022 年 10 月

目 录

| 第一章 |

导　　论

第一节　贸易新业态的主要形式

党的十九大报告指出："拓展对外贸易，培育贸易新业态新模式，推进贸易强国建设。"习近平总书记在参加十三届全国人大一次会议时也强调："要以更宽广的视野、更高的目标要求、更有力的举措推动全面开放，加快发展更高层次的开放型经济，加快培育贸易新业态新模式。"近年来，我国贸易新业态新模式"全面开花"，实现了较快的增长，成为外贸和经济的新增长点，对于形成全面开放新格局构成了引领态势。在全球经济波动加剧、我国经济进入新常态等背景下，大力发展贸易新业态更具有紧迫性和适当性。

我国《对外贸易发展"十三五"规划》中确认的外贸新业态主要包括跨境电商、市场采购贸易和外贸综合服务等。

1. 跨境电商

跨境电商是指分属不同于关境的交易主体，通过电商平台达成交易、进行有关支付结算，并通过跨境物流传递和送达商品，从而完成交易的一种国际间商业活动。跨境电商省掉了国内出口商（或国外进口商）、批发商、零售商等多道中间环节，缩短了交易时间、降低了交易成本。跨境电商的批量比较小，甚至可能只有一件商品，这样就扩大了消费对象，其销售的灵活性、适应性、针对性是传统外贸批量采购/供应所无法比拟的。同时，基于其交易的直接性和批量小的特征，跨境电商的交易频率大大高于传统外贸行业，是一种高频交易业态。

2. 市场采购贸易

在传统的流通市场，商户大多不具备外贸经营主体的资格，须由外贸公司代理出口，这会导致采购主体与贸易主体脱节，而且采购也多为小批量、多品种，如果每种品类都申报和报检，将带来巨大的成本。为了解决这些问题，市场采购贸易应运而生。

市场采购贸易方式是指企业在经我国商务部门认定的市场集聚区内采购、单票报关单商品货值在 15 万美元（包含 15 万美元）以下，并在采购地办理相关商品出口通关手续的一种贸易方式。相对于传统贸易方式而言，市场采购贸易具有如下优点：首先，为各类中小企业提供共享式的对外贸易平台，降低了贸易风险，激发了企业活力。其次，在市场采购贸易方式下，出口商品可以在市场所在地办理出口电子通关，降低了物流成本。最后，市场贸易采购方式具有的贸易规范化、贸易主体本地化等特征，有利于保证商品质量，突破了小商品出口瓶颈。

3. 外贸综合服务

外贸综合服务是指基于互联网平台，以整合通关、收汇与退税、物流/仓储、保险/融资、市场推广等国际贸易供应链各环节的服务为基础，为企业（尤其是中小企业）提供标准化、透明化的外贸综合服务，降低其综合外贸成本的新型贸易业态。外贸综合服务业态的出现，使企业可以在通关/退税等方面享受到专业大企业的服务，降低运营成本。同时，外贸综合服务可以帮助一些无力出口的企业开拓国际市场，壮大外贸主体。此外，借助外贸综合服务，企业可以以较低资金成本出口，缓解融资难问题。

4. 融资租赁

融资租赁是指"出租人根据承租人对租赁货物的特定要求，以及对供货人的选择，出资向供货人购买租赁货物，并租给承租人使用的一种租赁方式"。在融资租赁中，承租人需要分期向出租人支付租金；租赁期内被租赁物件的所有权属于出租人所有，承租人则拥有使用权。融资租赁具有融资与融物相结合的特点，租赁公司可以适时回收、处理租赁物，从而在办理融资时对企业资信要求不高。

融资租赁是现代化大生产条件下产生的实物信用与银行信用相结合的新型金融服务形式，是集金融、贸易、服务于一体的跨领域、跨部门的交叉行业。大力推进融资租赁发展，有利于转变经济发展方式，促进二三产业融合发展；对于加快商品流通、促进技术更新、缓解企业融资困难、提高资源配置效率等都具有重要意义。

5. 数字贸易

数字贸易是新一轮技术革命和产业革命的产物，大力发展数字贸易是赢得未来贸易竞争主动权的重要途径。2020 年，经济合作与发展组织（OECD）、世界贸易组织（WTO）和国际货币基金组织（IMF）共同发布的《数字贸易测度手册（第 1 版）》指出，"数字贸易是指所有以数字方式订购和以数字方式交付的国际交易"；在狭义上，数字贸易是指通过数字化方式交付的服务贸易，其交易标的以无形的服务、信息、数据为主，即数字服务贸易。

6. 离岸贸易

离岸贸易是指贸易的买方和卖方都是在境外且不进入本地海关的贸易方式。例如，起源于 19 世纪末的日本综合商社海外经营活动，兴起于最近 20 多年来跨国公司的发展以及信息网络技术的广泛应用。离岸贸易主要从转口贸易发展而来，与转口贸易的区别是不在本地清关，实现了货物流、资金流和信息流的分离，实质上是一种中间商贸易。

从生产关系的角度考虑，离岸贸易可以分为"转手商贸活动"和"与离岸交易有关的商品服务"，其区别在于"转手商贸活动"中货物的所有权经过中间商，中间商赚取商品差价；而对于"与离岸交易有关的商品服务"，中间商只是做了代理，撮合买卖双方实现交易，从中赚取佣金。从运输方式来看，离岸贸易可以分为转运贸易和直接运付，其区别在于货物是否经过中间商所在的国家或者地区（均不在中间商所在地清关）。按照是否属于同一个企业，离岸贸易分为企业间离岸贸易和企业内离岸贸易，企业内离岸贸易指跨国公司各子公司之间的离岸贸易。

7. 平行进口

平行进口是指未经品牌厂商授权，贸易商将品牌商品从海外市场引入本国市场进行销售的行为。平行进口是与传统的渠道——海外品牌在华总代理商及各级分销商相平行的进口渠道。平行进口产品由于省却了代理商利润，价格有一定的优势。此外，平行进口产品一般为全海外生产，款型、配置会比国内市场更丰富一些。其缺点则在于无法享受正常的售后服务。

8. 服务外包

服务外包是指企业为了将有限资源专注于其核心竞争力，以信息技术为依托，利用外部专业服务商的知识来完成原来由企业内部完成的工作，从而达到降低成本、提高效率、提升企业对市场环境应变能力并优化企业核心竞争力的一种服务模式。

服务外包包括业务流程外包（business process outsourcing，BPO），信息技术外包（information technology outsourcing，ITO）、知识流程外包（knowledge process outsourcing，KPO）等。

20世纪90年代以来，随着信息技术的迅速发展，特别是互联网的普及，服务外包蓬勃发展。目前，服务外包广泛应用于IT服务、人力资源管理、金融、会计、客户服务、研发、产品设计等众多领域，服务层次不断提高，服务附加值明显增大。

9. 邮轮旅游

邮轮是指以轮船作为交通载体，提供住宿、餐饮以及休闲服务的多功能工具。邮轮旅游是用邮轮将一个或多个旅游目的地联系起来的旅游行程。这种旅行方式始于 18 世纪末，发展于 20 世纪 60 年代，兴盛于当代。旅游者可以进行巡游，享受船上精美的膳食、住宿、休闲、娱乐服务，也可以欣赏国内外停靠港及附近地区的景色。

专栏：习近平总书记关于贸易新业态新模式的论述

2020 年 11 月，第三届中国国际进口博览会开幕式在上海举行，国家主席习近平以视频方式发表主旨演讲。他指出，中国将继续通过进博会等开放平台，支持各国企业拓展中国商机。中国将挖掘外贸增长潜力，为推动国际贸易增长、世界经济发展作出积极贡献。中国将推动跨境电商等新业态新模式加快发展，培育外贸新动能。

（资料来源：新华社. 第三届中国国际进口博览会开幕式在上海举行［EB/OL］. http：//www. gov. cn/xinwen/2020 – 11/05/content_5557461. htm#l）

2021 年 9 月，在中国国际服务贸易交易会全球服务贸易峰会上，国家主席习近平发表视频致辞。他表示，服务贸易是国际贸易的重要组成部分和国际经贸合作的重要领域，在构建新发展格局中具有重要作用。中国愿同各方一道，坚持开放合作、互利共赢，共享服务贸易发展机遇，共促世界经济复苏和增长。

（资料来源：新华社. 习近平在 2021 年中国国际服务贸易交易会全球服务贸易峰会上发表视频致辞［EB/OL］. http：//www. chinanews. com. cn/shipin/spfts/20210902/3589. shtml）

2021 年 10 月，习近平总书记在中共中央政治局第三十四次集体学习时强调，近年来，互联网、大数据、云计算、人工智能、区块链等技术

加速创新，日益融入经济社会发展各领域全过程，数字经济发展速度之快、辐射范围之广、影响程度之深前所未有，正在成为重组全球要素资源、重塑全球经济结构、改变全球竞争格局的关键力量。要促进数字技术与实体经济深度融合，赋能传统产业转型升级，催生新产业新业态新模式，不断做强做优做大我国数字经济。

（资料来源：新华社．习近平主持中央政治局第三十四次集体学习：把握数字经济发展趋势和规律　推动我国数字经济健康发展［EB/OL］．http：//www.gov.cn/xinwen/2021－10/19/content_5643653.htm）

第二节　我国贸易新业态的发展

一、我国贸易新业态的发展现状

近年来，我国外贸新业态新模式发展迅猛。外贸新业态新模式激发外贸主体活力、拓展外贸发展空间、提升企业运行效率、稳定产业链供应链，实现了产业数字化和贸易数字化的融合发展。加快发展外贸新业态新模式有利于推动贸易高质量发展、培育国际经济合作和竞争新优势，对于服务构建新发展格局具有重要作用。2021 年，国务院发布《关于加快发展外贸新业态新模式的意见》，其中提出，"到 2025 年，我国外贸新业态新模式发展的体制机制和政策体系更为完善；到 2035 年，实现发展水平位居全球前列的目标"。

海关总署数据显示，我国跨境电商 5 年增长近 10 倍，2021 年跨境电商进出口规模达到 1.98 万亿元，增长 15%；跨境电商 B2B 出口试点全面铺开，"中欧班列""集拼转口"等新模式不断涌现。"十三五"时期，我国跨境电商综试区增至 132 个，跨境电商零售进口试点范围扩大至 86 个城市以及海南全岛。截至 2022 年 6 月，我国建设海外仓超过 2 000 个。未来还将鼓励海外仓建设，提高海外仓数字化、智能化水平，促进中小微企业借船出海，带动国内品牌拓展国际市场空间。

此期间内，商务部会同有关部门，秉持鼓励创新、包容审慎、协同共管理念，创新监管方式，改革监管体制，探索形成了以"六体系两平台"为核心的制度框架，量身定制了近百项支持政策，大力优化外贸新业态新模式的发展环境，促进跨境电商持续健康发展。

商务部官网数据显示，截至 2021 年，我国市场采购贸易方式试点扩展至 31 个，市场采购贸易规模 6 年增长 5 倍；2021 年市场采购出口增长 32.1%。在外贸综合服务方面，当前我国外贸综合服务企业已超过 1 500 家。

专栏：粤港澳大湾区的贸易新业态

粤港澳大湾区内地 9 个城市已全部入选国家跨境电商综合试验区城市；2020 年阿里巴巴国际站出口额排在前五的城市，大湾区占了 3 席（深圳、广州、东莞）。香港特区的离岸贸易、金融服务贸易、专业服务贸易等颇有特色，2020 年香港特区离岸贸易额达 42 097 亿港元。澳门特区正在积极开拓葡语国家市场，发展葡语国家中医药贸易、钻石高端制造及贸易等新业态。广州跨境电商进口额连续七年居全国之首；在汽车平行进口、飞机融资租赁、艺术品保税进口等方面也居于领先地位。深圳一达通是全国外贸综合服务企业中的龙头企业；华南国际工业原料城获批国家级市场采购贸易方式试点市场。2021 年东莞保税物流出口 627.60 亿元，增长 26.3%；全市市场采购贸易备案主体累计 5 579 个，出口额 560.57 亿元。珠海正在将横琴打造成世界医疗旅游、体育旅游目的地，包括麻省总医院、梅奥中心、国家体育总局运动康复中心等都已在横琴开展合作。

（资料来源：周骏宇. 多措并举发展贸易新业态新模式［N］. 中国社会科学报，2022.8.31）

二、发展贸易新业态的重要意义

从贸易新业态发展态势看，贸易新业态将成为未来一段时期我国培育外贸竞争新优势、促进对外贸易供给侧结构性改革、建设贸易强国的重要动力，推动双创（大众创业和万众创新）的重要平台，深入推进"一带一路"合作、深化改革开放的重要渠道。

1. 贸易新业态提供开放新动力

近年来，受多重因素影响，我国外贸的增速有所下降：2016 年为 −0.86%；但同期，我国的外贸新业态增长迅猛，为开放经济的发展提供了新的动力。据海关统计，2017 年，我国试点的区域市场采购贸易出口额达 3 144 亿元，同比增长 54.2%；在 2018 年，我国海关监管跨境电商零售的进出口总额达 1 347亿元，同比增长 50%。据商务部《中国对外贸易形势报告（2017 年春季)》的数据显示，我国外贸综合服务试点企业服务中小企业超过 4 万家；一些巨无霸，如江苏省外贸综合服务领军企业——"贸互达"，发展速度惊人，已为 2 000 多家企业提供高效专业的贴身服务，累计出口额超 130 亿元。

2. 贸易新业态实现开放新效能

跨境电商极大提升了进出口效率：在广东自贸区南沙片区，消费者订购海淘商品，若在晚上 9 点以前下单，大都可在当天清关配送，广东省内订单基本上第二天就可送达，这使消费体验得到了极大提升。在广州白云国际机场，跨境电商企业每天都在繁忙运作，一批批来自全球各地的生猛海鲜从落地、接单、出仓到入库，全程只需 3 小时，很多产品天一亮就进入了市民的"菜篮子"。①

当前，我国对市场采购贸易出口业务实行全程无纸化管理。企业人员通过"单一窗口"，可实现 24 小时足不出户免费申报；通过该方式，我国采购

---

① 徐芳. 广州跨境电商发展的现状及思路分析［J］. 对外经贸，2020（11）.

贸易出口报关已经进入了读秒时代，每批出口至少为企业节省 1/3 的时间。①

目前，我国有 100 多万家外贸企业，其中很多中小企业由于经验不足，面临通关慢、退税烦等难题。而外贸综合服务将外贸出口的"关检汇税"、物流等所有流程标准化、线上化，一条路打通，使企业大幅降低了综合运营成本。济南特种车公司将其出口业务外包给了外贸综合服务企业"一达通"后，公司外贸业务周期从过去的 7 天缩短到 2 小时，效率提高了 80 倍，订单量也增加了 1/3。②

3. 贸易新业态带来开放新机遇

外贸新业态带来多重开放新机遇，主要体现在：（1）企业新机遇。对于一些无法开展进出口业务的企业来说，现在可以借助新型业态实现进出口；对于外企来说，也有同样的意义。（2）市场新机遇。在信息技术的支持下，国际贸易可以延伸至网络和物流可及的任何市场区域。（3）人才新机遇。国际供应链管理、网络经济、新型电商等人才有了用武之地。（4）商品新机遇。一些曾经遥不可及的美洲、欧洲、非洲、澳洲产品，如今已借助新业态便捷地走进了中国的寻常百姓家，足不出户"买全球、卖全球"已成为现实。

4. 贸易新业态倒逼监管新模式

贸易新业态的蓬勃发展也对政府监管形成了一种倒逼机制，各地、各部门都在积极探索适应外贸新业态发展的新型监管模式。

自 2015 年以来，国务院在 13 个城市开展跨境电子商务综合试验区建设。商务部会同相关部门创立了以"六体系两平台"为核心的监管政策框架。其中，六体系是指信息共享、金融服务、智能物流、电商信用、统计监测、风险防控；两平台是指线上"单一窗口"，线下"综合园区"。

在市场采购领域，税务局、商务部等部门实现了"简化归类申报""增

---

① 徐炳辉. 市场采购贸易方式解析 [J]. 中国海关, 2021 (12).
② 钟璐, 方华. 一站式外贸服务模式研究——以"一达通"为例 [J]. 电子商务, 2018 (2).

值税免征不退"等多项政策的突破，明确了"信息共享、部门联动、风险可控、源头可溯"的管理机制，在促进外贸创新发展方面取得了积极成效。

三、我国贸易新业态发展存在的不足

1. 规模体量总体偏小

当前，各种新型贸易业态层出不穷，企业数量众多，但还是存在贸易规模和体量不足的问题。以广东来统计，新业态体量多在百亿元、千亿元层级，而广东进出口总额已多年保持在万亿元级别——2018 年广东进出口总额为 7.16 万亿元。可见，贸易新业态与传统业态在体量上的差距还较为明显。

2. 监管体制尚需理顺

（1）条块分割、多头监管问题。新型外贸业态具有综合性、混业性、跨界性等特征，缺乏统一的对口监管部门。由于业务涉及不同的条条块块，因而要接受多个部门的监管，会造成政出多门的状况，甚至出现监管政策互相抵触的情况。目前，海关、商务、工商、金融等部门都在各自的领域实施相应管理，呈现"多龙治水"的局面。

（2）对新业态的适应性不足问题。分割监管易出现管理盲点，也会出现监管责任难以明确的问题。例如，在大宗商品电子交易领域，由于其呈现了贸易、信息、金融业务重合等特点，使得单一监管部门的监管显得比较困难。再例如，在分拨转运业务领域，需要先将货物在某地集中，然后再分拨运输，具有配送周期短、进出流量大、响应速度高等特征，而现行监管模式对转运分拨的便捷性考虑较少，这就给该业务的开展带来了很大困难。

（3）外汇管理体制问题。以离岸贸易为例，虽然目前对企业开通了"离岸金融账户"，外汇支付的程序有所简化，但总体上管制仍然比较严格。例如，有的企业反映，一般账户与专用账户的作用和性质难以严格地区分，这两个账户中的贸易有时出现混淆和交叉。另外，有的公司反映结汇手续较为烦琐。在这一背景下，跨国公司就会倾向于选择资本管制少的城市，如新加坡、东京等。

3. 竞争规则仍待优化

（1）部分新业态准入退出缺乏依据，标准游离不定。有的门槛太高，例如，对开展离岸贸易业务的贸易中间商，准入门槛就较高，从而使得很多有需求的企业无法获准开展这一业务；有的标准又太低，例如，专业性电子交易平台市场，其准入门槛就相对较低，对资质等方面的要求也没有明确规定，造成场内的企业素质不一、良莠不齐。

（2）在跨境电商领域，由于业务模式比较容易被模仿，出现了一些同质化竞争现象。就外贸综合服务而言，外贸综合服务平台为争夺客户，可能相互采取低价竞争策略，导致平台经营风险加剧。

（3）在法律规则方面，国家关于某些新型贸易业态的法律定位处于模糊地带，其交易规则等都还缺乏立法规范。此外，一些贸易企业反映，新业态领域存在侵犯知识产权和制售假冒伪劣产品等违法行为，需要对这些行为加大打击力度，净化贸易环境。

4. 扶助体系尚不健全

（1）物流支持方面。目前，国内的物流呈现"碎片化供给"状态，提供服务的物流企业数量多，但是规模较小、服务差。甚至存在"针对网络购物的投诉中，80%都是针对快递环节投诉"的现象。很多外贸新业态企业不得不自己建设物流体系，这样难以实现规模效应，不利于其快速发展。[①]

（2）金融支持方面。当前，中小企业融资渠道比较狭窄，主要依靠银行贷款。商业贷款一般要求有抵押品、有担保，而新业态企业本身规模比较小，难以达到商业银行所需要求，因而难以得到贷款。此外，贷款手续较为烦琐、实际利率较高、使用周期偏短、使用限制偏多也困扰着中小贸易企业。

---

① 王瑾一．电商物流战陷一味求快怪圈［N］．北京商报，2013.5.22.

（3）第三方服务支持方面。新业态支付面临着提高资金使用效率和保证资金安全等问题。新业态企业交易金额大，品种规格较多，保证资金安全是十分重要的问题。尽管现在"第三方电子支付"行业的机构数量众多，但是也存在市场运作规则不够清晰、场内企业良莠不齐等问题。

5. 地区发展尚不平衡

外贸新业态的发展呈现出较为显著的地区不平衡。外贸新业态发展较快的东部地区已经基本完成布局，不少地区甚至形成了一定程度的市场垄断。例如，据海关总署数据，当前我国约有 36 万家跨境电商企业，东部地区占到近八成，特别是广东和浙江两个大省的跨境电商零售交易规模占到全国的70% 以上。

市场采购贸易的出口同样主要集中在广东和浙江，二者约占到全国市场采购贸易出口总额的90%，其中浙江省的市场采购出口模式已经成为当地的第二大贸易方式。

第三节　推动我国贸易新业态发展的对策

一、我国推动贸易新业态发展的政策

我国连续出台了一系列政策，大力推动外贸新业态的发展。如表 1.1所示。

表 1.1　　　　　　　　贸易新业态新模式领域的促进政策

发布时间	发布部门	政策名称	重点内容
2018 年 4 月	国务院	《关于落实〈政府工作报告〉重点工作部门分工的意见》	为了巩固外贸稳中向好势头，要扩大出口信用保险覆盖面；改革服务贸易发展机制；培育贸易新业态新模式；以更大力度的市场开放，促进产业升级和贸易平衡发展

发布时间	发布部门	政策名称	重点内容
2018 年 9 月	国务院	《关于印发中国（海南）自由贸易试验区总体方案的通知》	培育贸易新业态新模式，支持海南享受服务外包示范城市政策；支持海南设立跨境电子商务综合试验区；支持在海关特殊监管区域设立国际文化艺术品交易场所，依法合规开展面向全球的交易业务；支持开展橡胶等大宗商品现货离岸交易和保税交割业务；支持打造区域性离岸贸易中心；支持建设保税油供应基地等
2019 年 1 月	中共中央、国务院	《关于支持河北雄安新区全面深化改革和扩大开放的指导意见》	坚持全方位对外开放，支持雄安新区积极融入"一带一路"建设，以开放促发展、以合作促协同，着力发展贸易新业态新模式，加快培育合作和竞争新优势，构筑我国对外合作新平台，打造层次更高、领域更广、辐射更强的开放型经济新高地
2020 年 1 月	商务部等 8 部门	《关于推动服务外包加快转型升级的指导意见》	依托 5G 技术，大力发展众包、云外包、平台分包等新模式，培育新模式新业态；积极推动工业互联网创新与融合应用，培育一批数字化制造外包平台，发展服务型制造等新业态。完善统计界定范围，运用大数据、人工智能、云计算、物联网等新一代信息技术进行发包的新业态新模式纳入服务外包业务统计
2021 年 7 月	国务院	《关于加快发展外贸新业态新模式的意见》	积极支持运用新技术新工具赋能外贸发展，推广数字智能技术应用；持续推动传统外贸转型升级；深入推进外贸服务向专业细分领域发展；优化政策保障体系，创新监管方式；维护良好外贸秩序，探索建立信用评价体系，保护公平竞争
2021 年 11 月	商务部	《"十四五"对外贸易高质量发展规划》	从优化货物贸易结构、创新发展服务贸易、加快发展贸易新业态、提升贸易数字化水平、构建绿色贸易体系、推进内外贸一体化、保障外贸产业链供应链畅通运转、深化"一带一路"贸易畅通合作、强化风险防控体系、营造良好发展环境等 10 个方面，明确了 45 项重点任务
2021 年 12 月	国务院办公厅	《关于做好跨周期调节进一步稳外贸的意见》	要求挖掘进出口潜力，进一步发挥海外仓带动作用，优化跨境电商零售进口商品清单、扩大进口类别，更好满足多元化消费需求；保障外贸产业链供应链稳定畅通，新培育一批外贸创新发展试点，增设一批跨境电子商务综合实验区，培育一批离岸贸易中心城市（地区），支持创新发展离岸贸易
2022 年 3 月	商务部	《关于用好服务贸易创新发展引导基金支持贸易新业态新模式发展的通知》	鼓励以融资新途径支持贸易新业态新模式。聚焦新业态新模式培育发展新动能，鼓励地方相关基金及社会资本与服贸基金协同配合，加大对新业态新模式的投资力度，支持海外仓、跨境物流等跨境服务体系建设

二、推动我国贸易新业态发展的对策

1. 丰富业态形式：鼓励新业态新模式的创新

随着科学技术的进步，贸易新业态新模式还在不断创新之中。例如，安徽是我国最大的白色家电生产基地，众多企业的产品如何通过网络集群化走出国门？跨境电商集中采购应运而生。跨境电商集中采购企业大龙网，在国内与 33 个产业园合作，在国外有 24 家分公司和海外服务中心，将本地的产能和海外的采购需求通过互联网实现精准匹配。

新业态对创新自由度和规范的市场化体制有着更高的要求。同时，新业态新模式由于尚不成熟、不完善，更加需要鼓励创新、相对包容、允许试错的环境；在探索中逐渐规范，在发展中不断完善。未来，应进一步优化营商环境，营造允许试错的氛围，鼓励新业态新模式持续涌现。

2. 出台扶助政策：推动贸易新业态做大做强

需要研究制定适合新业态自身发展特点的支持措施，为新业态的发展提供良好的制度环境和政策支撑，推动贸易新业态做大做强。应该进一步促进跨境电商公共服务平台的建设，提高配套金融服务的水平；支持直购进口、B2B 出口、网购保税进口领域的龙头企业做大做强；积极推进"全球跨境电子商务配送中心""跨境货栈 + 直购进口""跨境电子商务 + 实体新零售"等新模式。

加大对外贸综合服务企业在通关、融资等方面的支持力度。培育和支持具备较强供应链服务能力的外贸综合服务企业，依托各类产业聚集区和外贸产业基地，把基地内的中、小企业出口潜力转化为出口实绩。抓紧完善外贸综合服务企业退（免）税分类管理办法；简化结汇手续，推进收款便利化。

专栏：2020 年国家外汇局《关于支持贸易新业态发展的通知》对企业的帮助

该政策主要优化了贸易新业态外汇管理规则，为跨境电商、外贸综合服务、市场采购等提供外汇结算便利。

1. 提高结算时效，为企业提供更多的结算渠道

银行和支付机构可凭线上电子订单、物流等交易电子信息，为企业办理结售汇及相关资金收付。这样，有效缩减了结算周期，基本可实现境外资金实时到账。

在结汇方面，企业可以通过线上自助办理，省了不少时间。企业通过市场采购贸易联网平台向银行申请开通"联网自助结汇"功能，线上即可办理结汇业务。

2021 年全年，有 21 家支付机构和 12 家银行共办理跨境电商外汇收支 19.3 亿笔。而通过联网信息平台在线自助办理市场采购贸易收结汇，2021 年惠及中小微及个体商户 8 万余家，收汇金额同比上升 86%，自助结汇率超七成，有效提升了资金结算效率。

2. 新的政策为企业节省了不少资金成本

现在跨境电商企业全球合作越来越多，衍生出境外仓储、物流、税收等收支的实际需求。新政策出台后，支持国际寄递、物流等企业为客户跨境代垫仓储、物流、税费等费用；海外仓企业可将境外仓储、物流、税收等费用与出口货款轧差结算，把多笔业务缩减为一笔办理，有助于提升企业资金使用效率，减少资金结算成本。

3. 支持个人从事新业态贸易结算

具体来说，支持从事跨境电商、市场采购贸易的境内外个人，通过个人外汇账户办理贸易新业态外汇结算，无须多次对外付汇，无须开立专门的结算账户。同时，个人跨境电商或市场采购贸易项下结售汇，能提

供有交易额的证明材料或交易电子信息的，不占用个人年度便利化额度。

4. 吸引更多小微企业加入新业态

允许年度贸易收汇或付汇低于等值 20 万美元的小微跨境电商企业免于办理"贸易外汇收支企业名录"登记手续，简化了小微跨境电商企业的收支手续。

（资料来源：苗艺伟. 助力贸易新业态、扶持小微企业 ［J］. 第一财经，2022（3））

3. 推广成熟业态：促进新业态的复制和快速扩散

一些已被证明成功、有效的新业态新模式应该快速推广，助其做大。我国各地结合自身的实际情况，在新业态探索方面作出了各自的特色，应该加强各个试点区域的交流、学习，促进新业态的扩散。例如，福建自贸区的"保税展示交易"比较有特色。其中福州片区利嘉保税商品直销中心已有 42 家企业入驻，闽江世纪城保税展示交易中心项目已开业，厦门片区也有 9 个项目开业。可以将其经验、做法予以推广。

4. 树立引领标杆：促进新业态在自贸区的集聚

自贸区是开放高地，鼓励各类新业态新模式在自贸区的创新、试验、聚集是自贸区的应有之责。

当前，南沙自贸区已成为跨境电商基地。据南沙自贸区官网讯：京东、聚美优品、唯品会、天猫国际等大型电商企业相继落户南沙；2017 年，南沙自贸区实现网络保税进口交易额 71.7 亿元，同比增长 1.1 倍；2018 年，南沙跨境电商保税进口累计货值 98.7 亿元人民币，进境电子清单 3 660 万票。

深圳前海成了新型金融业态荟萃之地。据前海自贸区官网讯：前海是在全国范围内首先开展跨境人民币贷款业务的自贸区，截至 2017 年初，前海跨境人民币贷款备案金额已超过 1 100 亿元；在资本项目扩大方面，已有 41 家前海企业获得了合格境内投资者境外投资（QDIE）试点资格，净汇出资金 8.2 亿美元；此外，深圳排放权交易所是全国唯一一家允许境外投资者直接参与投资的要素交易平台，流动性在7个试点省市中居于首位。

休闲健康产业成为横琴的新名片。据横琴自贸区官网讯：长隆国际海洋度假区已累计接待游客超过3 000万人次；国际女子网球赛（WTA）是第三大国际女子网球赛事，将连续五年在横琴举办；广东省中医院、美国麻省总医院签订了合作协议，预计将在横琴新区建立一所世界一流的顶级医院：麻省（美国）总医院中国医院。

5. 规范监管规则：适应新形势新环境，持续创新监管模式

（1）创新监管模式。具体来说，要加强探索"一般出口、特殊区域出口、直购进口、网购保税进口"等跨境电商新型监管模式；推动搭建市场采购"网上商城"、理货中心，促进市场采购贸易健康快速发展；在外贸综合服务方面，需要进一步优化管理模式，明确主体责任，提升便利化水平。

（2）健全管理体制。按照"大部制"的有关要求进行条块的归并，并通过管理机构的相互融合来促进部门间信息共享和资源重组，推动垂直管理向水平管理转变；加大行政审批制度改革力度，凸显"强化事中事后监管"理念；设立预警及退出制度，鼓励新业态经营者开展行业自律，支持行会等机构对经营者的服务进行监督。

专栏：商务部发布《"十四五"对外贸易高质量发展规划》

《"十四五"对外贸易高质量发展规划》内容包括：将从完善政策体系、营造良好环境、提升服务水平等方面分类施策，促进外贸供应链柔性升级，提升贸易效率。

一是扎实推进跨境电商综试区建设。按照国务院部署，会同有关部门做好新一批跨境电商综试区扩围工作，建立综试区评估与退出机制，促进行业成长，加强跨境电商企业能力建设。

二是提升市场采购贸易方式便利化水平。优化市场采购贸易方式试

点动态调整机制，更好地发挥试点区域引领作用，带动地方产业升级和外向型经济发展。

三是支持外贸综合服务企业健康发展。完善政策，优化企业发展环境，鼓励各地创新配套措施，支持外贸综合服务企业为更多中小企业提供服务。

四是培育一批优秀海外仓企业。完善便利服务各贸易市场的海外仓网络，推进海外智慧物流平台建设，推动海外仓标准建设。

五是提升保税维修业务发展水平。逐步完善保税维修业务政策，支持综合保税区内企业开展维修业务，动态调整维修产品目录，扩大维修产品范围。

六是稳步推进离岸贸易发展。支持在海南自由贸易港、自由贸易试验区以及其他具备条件的城市和地区发展离岸贸易，推动建立全国性或区域性离岸贸易行业组织。

（资料来源：马玲.“十四五”外贸高质量发展路线图绘就［N］.金融时报，2021. 11. 25）

本章案例

常熟的市场采购贸易

2022年7月25日，办结海关监管手续后，来自常熟莫城街道酷知服装商行一批价值14.7万美元的货物，从上海外高桥口岸出境发往东南亚国家。

已在常熟服装城做了多年外贸生意的商户陈劲告诉记者："市场采购贸易方式下，我们的货物可以通过一体化通关方式拼箱出口，能够节约2天的通关时间和超过3 000元的物流成本。"

自常熟服装城获批国家市场采购贸易试点以来，常熟海关立足地方特色建立起的"一站式"市场采购贸易服务平台，集商品备案、报关申报、组货拼箱、通关出口等于一体，解决了服装城内大量商户因单小、货杂、品种多，以及无增值税发票无法依法退税所带来的难题，有效降低了中小微企业外贸门槛，也缓解了疫情带来的经营压力。

"我们在新兴贸易业态中充分利用全国通关一体化优势政策，与口岸海关积极对接，集结全国范围内的口岸航线优势，助力外贸企业将出口市场拓宽到更多的国家和地区。"据常熟海关工作人员介绍。目前，常熟服装城已通过通关一体化模式打通了全国 66 个出口口岸，服务全球各类经营主体超万家，将 8 万多种商品远销至全球 120 多个国家和地区。

数据显示，截至 2022 年 6 月底，江苏省市场采购贸易累计受理出口报关单 18 819 票、货值 110.85 亿元，同比分别增长 17.44%、13.95%。

（资料来源：刘昕．新业态新模式为外贸发展"探路"［N］．国际商报，2022.8.4）

课后习题

一、名词解释

1. 离岸贸易
2. 市场采购贸易
3. 跨境电商

二、列举题

列举 5 项贸易新业态。

三、简答题

1. 发展贸易新业态的意义体现在哪些方面？
2. 我国发展贸易新业态存在哪些问题？
3. 简述我国发展贸易新业态的对策。

参考文献

［1］丁宁．新时代中国培育贸易新业态新模式研究［J］．内蒙古财经大学学报，

2019（9）.

　　[2] 樊星. 新型贸易业态的现状、问题与对策［J］. 科学发展, 2013（12）.

　　[3] 林媛熹, 张保英. 文化创意产业与国际服务外包关系初探［J］. 东南传播, 2010（8）.

　　[4] 马玲. 为贸易新业态新模式提速发展保驾护航［N］. 金融时报, 2022.3.9.

　　[5] 尚沛江. 数字经济背景下我国外贸新业态发展研究［D］. 石家庄：河北经贸大学硕士论文, 2022.5.

　　[6] 孙怡. 厦门推动平台型服务外包产业的探索［J］. 中国外资, 2021（5）.

　　[7] 汤莉. 为跨境电商品牌出海增势赋能［N］. 国际商报, 2021.9.8.

　　[8] 徐清军. 支持外贸综合服务企业　促进外贸转型升级［J］. 中国对外贸易, 2013（8）.

　　[9] 武力超. 服务外包研究综述［J］. 西安电子科技大学学报（社会科学版）, 2009（7）.

　　[10] 王文博. 商务部酝酿新一轮稳外贸政策举措［N］. 经济参考报, 2021.11.1.

　　[11] 杨广. 广东市场采购贸易新业态发展现状存在问题及对策建议［J］. 广东经济, 2019（1）.

　　[12] 尹慧敏, 查贵勇. 外贸综合服务新业态发展态势与策略分析［J］. 港口经济, 2017（4）.

　　[13] 周丽群. "互联网＋大外贸"发展新模式分析［J］. 国际贸易, 2016（4）.

　　[14] Asosheh A., S. N. Romer, H. Khodkari. A Model of a Localized Cross-Border E-Commerce［J］. *iBusiness*, 2012, 4（2）.

　　[15] Gessner, G. H., C. R. Snodgrass. Designing e-commerce cross-border networks for small and medium-size enterprises［J］. *Research in Business & Management*, 2015（16）：84 - 94.

第二章

跨境电商

第一节　跨境电商的定义与特征

一、跨境电商的定义与分类

跨境电子商务简称跨境电商，指分属不同关境的交易主体，通过电子商务平台达成交易、进行电子支付结算，并通过跨境物流及异地仓储送达商品、完成交易的一种国际商业活动。

跨境电商演化出以下不同的类型与运作模式。

1. 按交易主体的属性划分

根据交易主体属性的不同，交易主体可分为企业（business）、个人（consumer）和政府（government）三类，跨境电商可分为 B2B 跨境电商、B2C 跨境电商和 C2C 跨境电商三类。

2. 按平台经营商品品类划分

按照电子商务网站经营商品的品类进行划分，可分为垂直型电商和综合型电商。垂直型电商专注于某些特定的领域或某种特定的需求，主要针对该领域或该需求提供服务。综合型电商则与垂直型电商相对应，展示和销售的商品种类更全面，所涉及行业的范围更广。

3. 按照电子商务网站开发与运营主体划分

按照电子商务网站开发与运营主体划分，可分为平台型电商和自营型电商两类。平台型电商开发和运营第三方电子商务网站，吸引商品卖家入驻平台，由卖家负责商品的物流与客服并对买家负责，平台型电商只负责提供商品交易的媒介或场所；自营型电商不仅开发和运营电子商务网站，同时负责商品的采购、销售、客服与物流，对买家负责。

综合上述几种分类，可以将跨境电商进一步细分为综合平台型、综合自营型、垂直平台型和垂直自营型四类。综合平台型跨境电商的代表性企业有京东全球购、天猫国际、淘宝全球购等；综合自营型跨境电商的代表性企业有亚马逊海外购、沃尔玛全球 e 购、网易考拉海购、小红书等；垂直平台型跨境电商的代表性企业有美丽说、海蜜全球购等；垂直自营型跨境电商的代表性企业有聚美优品、唯品会等。

二、跨境电商的特征

跨境电商作为一种贸易新业态，具有以下特征。

1. 交易环节减少，交易成本降低

从交易过程来看，跨境电商通过外贸平台实现境内外企业之间、企业和市场之间的直接联系，跨过了国内出口商和国外进口商、批发商、零售商等多道中间环节，缩短了交易时间，减少了交易成本。

2. 交易频率提高

基于其交易的直接性，跨境电商的交易频率大大高于传统外贸行业。

3. 交易灵活性高，适应性强

从企业角度来看，跨境电商拓宽了企业尤其是中小企业进入国际市场的途径；从消费者角度来看，跨境电商提高了消费者选购异国商品的可能性；从消费对象来看，跨境电商销售弹性大，可接纳小批量购买行为，甚至可能只有一件商品，其销售的灵活性、适应性、针对性是传统外贸批量采购所无法比拟的。

4. 重视个性化需求

网络技术赋能跨境电商，使消费者个性化信息更加明显，较传统贸易模式而言更能满足个性化需求。

第二节　跨境电商的发展历程

一、全球跨境电商的发展历程与现状

1. 全球跨境电商的发展阶段

随着信息技术和经济全球化的发展，世界各国间的贸易往来越来越频繁，全球跨境电商发展迅速。全球跨境电商的发展历程可分为起步期、成长期和规范发展期三个阶段，具体如下。

1999～2003年，起步阶段。这一阶段主要呈现为网上展示、线下交易的外贸信息服务模式。第三方平台的主要功能是为企业以及产品提供网络展示平台。

2004～2012年，成长阶段。市场主体借助电子商务平台，通过资源整合有效打通上下游供应链。

2013年至今，规范发展阶段。这一阶段跨境电商的服务全面升级，平台

开始提供在线化、全产业链服务。参与者由草根创业者向工厂、外贸公司转变；平台销售产品由二手货源向一手货源转变。

2. 全球跨境电商的现状

近年来，全球跨境电商飞速发展，跨境电商交易规模持续增长。商务部发布的《中国暨全球跨境电商发展报告（2021）》显示，2018 年全球 B2C 跨境电商交易额已突破 6 500 亿美元，同比增长 27.5%；2019 年全球 B2C 跨境电商交易额达到 7 800 亿美元，同比增长 15.4%。从网购普及率来看，全球跨境网购普及率达 51.2%。北美电商市场成熟，跨境电商普及率最高；其次是西欧；然后是亚太地区；中东及非洲市场普及率较低。

2020 年至今，新冠肺炎疫情在世界范围内蔓延，部分线下交易也因此转移至线上，消费者线上购物率迅速上升。预计未来几年，全球 B2C 跨境电商交易规模将持续保持高速增长，行业形势仍向好发展，但交易额增速将有所放缓。

深圳市跨境电子商务协会发布的《2022 年全球电商行业蓝皮书》显示，截至 2021 年 7 月，中国是全球最大的 B2C 跨境电商交易市场，全球 26% 的交易发生在中国，而后依次为美国、英国、德国和日本。在全球 10 大 B2C 跨境电商平台中，阿里巴巴等三家中国平台已经分别占据了第一、第三和第七的位置。

3. 全球跨境电商的交易对象

表 2.1 展示了 2021 年全球跨境电商四大热门销售商品品类及市场销售情况。由表 2.1 可以看出，2021 年，时尚类商品总销售额为 1 805 亿美元，稳居第一，同比增长 24.7%；电子类产品以 1 610 亿美元的销售额位居第二，同比增长 12.6%；家具类商品总销售额为 1 327 亿美元，同比增长 10.9%，位居第三；个人爱好类商品总销售额为 1 056 亿美元，同比增长 14.3%，位居第四。

表 2.1　　　　　　　　2021 年全球跨境电商四大热门销售品类

品类	商品举例	主要零售商	总销售额（亿美元）	较 2020 年增长率（%）
时尚类	鞋子、服装配件、钟表、珠宝、眼镜、皮革制品、围巾，以及钱包、手提箱和公文包等	伊巴戈（eBags）、飒拉（Zara）、诺德斯特龙（Nordstrom）、其乐（Clarks）和亚马逊（Amazon）	1 805	24.7
电子产品类	冰箱、手机和智能流媒体设备，以及打印机和复印机等家庭办公用品，婴儿监视器、电动牙刷和平板电脑等	无数小型零售商和亚马逊（Amazon）、百思买（Best Buy）和宜家（IKEA）等重量级企业在线销售	1 610	12.6
家具类	床、桌、灯、衣柜和座椅等	韦菲尔（Wayfair）和宜家（IKEA）	1 327	10.9
个人爱好类	游戏机、乐器、艺术用品、体育用品、钓鱼用具和园艺用具等	玩具反斗城（Toys R Us）、史泰博（Staples）、亚马逊（Amazon）、沃尔玛（WMT）	1 056	14.3

资料来源：根据数据统计机构史特迪斯特（Statista）电子商务市场数据整理，https：//www.statista.com/topics/871/online-shopping/.

二、我国跨境电商的发展历程

我国跨境电商的发展要从 1999 年说起，20 多年来我国跨境电商从无到有，从弱到强，依次经历了萌芽、起步、发展、探索和成熟五个阶段。

1999～2007 年属于跨境电商的萌芽阶段，其雏形为海淘、个人代购等模式。这期间，随着海外留学生群体不断扩大，以留学生为代表的第一批个人代购兴起。所谓代购，是指通过身在国外的个人从当地购买所需要的商品，以国际邮政包裹、快递等方式递送到买方所在国，或者随人直接携带回国。

2008～2010 年属于跨境电商发展起步阶段。2007 年淘宝"全球购"上线，一些专注于代购的网站紧随其后进入，海外代购市场逐渐壮大。受 2008

年奶制品污染事件的刺激，海外代购和转运服务由先前单一的母婴商品拓宽到保健品、电子产品、服装类、化妆品以及奢侈品等更多生活用品领域，代购市场进一步完善。2010年9月，我国调整进出境个人邮递物品管理政策，海淘与代购的成本与风险大增，海淘与代购市场转而紧缩。

2011～2013年属于跨境电商快速发展阶段。这一阶段，跨境电商逐渐取代了海淘与个人代购的市场地位，成为市场发展的主力军。2012年之前，跨境电商的市场主体是小微企业、个体户以及网商。2013年我国跨境电商城市试点全面启动，跨境电商市场参与度迅速扩大，传统外贸企业、工厂和品牌商开始参与新市场，由此跨境电商走向规模化发展。

2014～2017年我国跨境电商迈进了深入探索期。自2014年7月起，各类利好政策不断出台，诸如海关总署《关于跨境贸易电子商务进出境货物、物品有关监管事宜的公告》《关于增列海关监管方式代码的公告》等，涉及海关、商检、物流、支付等环节，刺激了跨境电商的发展，跨境电商企业数量攀升。跨境电商的服务更加完善；跨境电商交易规模持续高速增长；跨境电商自主品牌、自建独立站等分化模式出现。

2018年至今是我国跨境电商发展的成熟期。在成熟期，跨境电商行业初步实现精细化运营、本土化运营；线上下结合、直播营销等创新模式不断出现。跨境电商市场的竞争重点逐渐转变为品牌和品质的竞逐。当下，跨境电商发展进入行业完善期，与之相关的营销、通关、商检、物流等环节逐渐成熟；同时，跨境电商企业同其他产业的联系越来越紧密；新的服务商接续涌现，产业链趋向完整。

三、我国对跨境电商的促进政策

1. 2004～2007年，萌芽期

表2.2展示了萌芽期我国对跨境电商的有关政策。

表 2.2   2004～2007 年跨境电商行业起步阶段相关政策

发布时间	发布部门	政策名称	重点内容
2004 年 8 月	全国人大常委会	《中华人民共和国电子签名法》	《电子签名法》于 2005 年 4 月 1 日起施行，被称为"中国首部真正意义上的有关电子商务的法律"。对电子签名的概念作了与联合国电子签名示范法相类似的规定。它的实施很大程度上消除了网络信用危机，加强了电子商务的安全性
2005 年 1 月	国务院	《关于加快电子商务发展的若干意见的通知》	加强学习，进一步提高电子商务对国民经济和社会发展重要作用的认识；深入调研，分类指导，大力推动电子商务的应用；做好宣传和培训，提高企业和公民的电子商务应用意识；加强电子商务理论研究和人才培养；统筹协调，营造促进电子商务发展的良好环境
2007 年 12 月	商务部	《商务部关于促进电子商务规范发展的意见》	首先要充分认识促进电子商务规范发展的重要意义；其次规范电子商务信息传播行为，优化网络交易环境；规范电子商务交易行为，促进网络市场和谐有序；规范电子支付行为，保障资金流动安全；规范电子商务商品配送行为，健全物流支撑体系；加强规范发展的保障措施以及组织领导作用

2. 2008～2013 年，起步期和发展期

在起步期和发展期，我国也出台了系列鼓励和规范跨境电商发展的政策。如表 2.3 所示。

表 2.3   2008～2013 年跨境电商发展相关政策

发布时间	发布部门	政策名称	重点内容
2012 年 3 月	商务部	《关于利用电子商务平台开展对外贸易的若干意见》	明确要为电子商务平台开展对外贸易提供政策支持，鼓励电子商务平台通过自建或合作方式，努力提供优质高效的支付、物流、报关、金融、保险等配套服务，实现"一站式"贸易
2013 年 8 月	国务院办公厅	《关于实施支持跨境电子商务零售出口有关政策的意见》	发展跨境电子商务对于扩大国际市场份额、拓展外贸营销网络、转变外贸发展方式具有重要而深远的意义。加快我国跨境电子商务发展，支持跨境电子商务零售出口

3. 2014~2019 年，探索期和成熟期

在探索期和成熟期，我国开始构建多元化、多层次的跨境电商监管体系，建立责任清晰的监管机制，政策逐步深入实施层面。如表 2.4 所示。

表 2.4　　　　　　2014~2019 年跨境电商发展相关政策

发布时间	发布部门	政策名称	重点内容
2014 年 1 月	海关总署	《关于增列海关监管方式代码的公告》	增列海关监管代码"9610"，全称"跨境贸易电子商务"，适用于境内个人或电子商务企业通过电子商务交易平台实现交易，并采用"清单核放、汇总申报"模式办理通关手续的电子商务零售进出口商品
2015 年 6 月	国务院办公厅	《关于促进跨境电子商务健康快速发展的指导意见》	支持国内企业更好地利用电子商务开展对外贸易。加快建立适应跨境电子商务特点的政策体系和监管体系，提高贸易各环节便利化水平。鼓励企业间贸易尽快实现全程在线交易，不断扩大可交易商品范围
2017 年 11 月	商务部等14 个部门联合印发	《关于复制推广跨境电子商务综合试验区探索形成的成熟经验做法的函》	强调深化"放管服"改革，加强制度、管理和服务创新，积极探索新经验，推动跨境电子商务健康快速发展
2018 年 11 月	商务部等6 个部门联合印发	《关于完善跨境电子商务零售进口监管有关工作的通知》	明确跨境电商零售进口不同于一般贸易，主要是满足国内居民品质化多元化消费需求，必须是直接面对消费者且仅限于个人自用；明确对跨境电商零售进口商品按个人自用进境物品监管，不执行首次进口许可批件、注册或备案要求

4. 2020 年疫情至今，行业发展特殊期

新冠肺炎疫情冲击全球经济，跨境电商逆流而上，增长迅速。国家也出台了系列政策鼓励跨境电商的发展。如表 2.5 所示。

表 2.5　　　　　　疫情以来跨境电商发展相关政策

发布时间	发布部门	政策名称	重点内容
2020 年 3 月	海关总署	《关于跨境电子商务零售进口商品退货有关监管事宜公告》	跨境电子商务出口业务、特殊区域内跨境电子商务相关企业或其委托的报关企业可向海关申请开展跨境电子商务零售出口、跨境电子商务特殊区域出口以及跨境电子商务出口海外仓商品的退货业务

续表

发布时间	发布部门	政策名称	重点内容
2020 年 5 月	国务院	《关于同意在雄安新区等46个城市（地区）设立跨境电子商务综合试验区的批复》	同意在雄安新区、大同市、满洲里市、营口市、盘锦市、吉林市、黑河市、常州市、连云港市等46个城市地区设立跨境电子商务综合试验区，属于行业发展的支持类政策
2020 年 6 月	海关总署	《关于开展跨境电子商务企业对企业出口监管试点的公告》	自 2020 年 7 月 1 日起，跨境电商 B2B 出口货物适用全国通关一体化，也可采用"跨境电商"模式进行转关。先在北京、天津、南京、杭州、宁波、厦门、郑州、广州、深圳、黄埔海关开展跨境电商 B2B 出口监管试点，根据试点情况及时在全国海关复制推广，有利于推动外贸企业扩大出口，促进外贸发展
2021 年 3 月	商务部等6部门联合印发	《关于扩大跨境电商零售进口试点、严格落实监管要求的通知》	将跨境电商零售进口试点范围扩大至所有自贸试验区、跨境电商综试区、综合保税区、进口贸易促进创新示范区、保税物流中心（B 型）所在城市（及区域）。各试点城市要严格落实监管要求，及时查处在海关特殊监管区域外开展"网购保税＋线下自提"、二次销售等违规行为，确保试点顺利推进，促进行业规范健康持续发展
2021 年 6 月	海关总署	《关于在全国海关复制推广跨境电子商务企业对企业出口监管试点的公告》	在现有试点海关基础上，在全国海关复制推广跨境电商 B2B 出口监管试点。跨境电商企业、跨境电商平台企业、物流企业等参与跨境电商 B2B 出口业务的境内企业，应当依据海关报关单位备案有关规定，向所在地海关办理备案

第三节 我国跨境电商的发展现状

1. 跨境电商市场交易规模不断扩大，发展势头良好

从表2.6可以看出，中国跨境电商的市场交易规模在 2013～2021 年始终保持增长的趋势。2019 年中国跨境电商的交易规模突破 10 万亿元人民币，2021 年再创新高至 19.8 万亿元人民币，同比增长 48.45%；其中进口同比增长 92.86%。跨境电商已成为我国对外贸易的重要推动力。

表 2.6   2013~2021 年中国跨境电商规模及增速变化

年份	中国出口跨境电商规模（万亿元）	出口同比增长率（%）	中国进口跨境电商规模（万亿元）	进口同比增长率（%）	中国跨境电商交易规模（万亿元）	中国跨境电商交易规模增速（%）
2013	2.7	—	0.45	—	3.15	—
2014	3.57	32.22	0.63	40.00	4.2	33.33
2015	4.5	26.05	0.9	42.86	5.4	28.57
2016	5.5	22.22	1.2	33.33	6.7	24.07
2017	6.3	14.55	1.5	25.00	7.8	16.42
2018	7.1	12.70	1.9	26.67	9.0	15.38
2019	8.03	13.10	2.47	30.00	10.5	16.67
2020	9.7	20.80	2.8	13.36	12.5	19.05
2021	14.4	48.45	5.4	92.86	19.8	58.40

资料来源：网经社. 2013-2021 年我国跨境电商市场规模及外贸渗透率［EB/OL］. https://www.chinabaogao.com/data/202203/581523.html.

2. 跨境电商影响力不断提高

跨境电商行业渗透率为该国跨境电商交易规模与该国进出口贸易总额的比值，比值越高，说明跨境电商行业在进出口贸易中的重要性越高，对进出口贸易的影响力越大。2013 年我国跨境电商行业渗透率为 12.20%，2015 年渗透率达 22%，2019~2021 年的跨境电商行业渗透率均保持在 30% 以上，分别是 33.29%、38.86%、36.32%。[①]

3. 交易品类多元，电子产品、服装类产品、家居园艺类产品位居出口前三

如图 2.1 所示，2018 年中国跨境电商出口产品品类主要包括 3c 电子类

① 李国庆，窦一凡，韩越. 中国跨境电商发展潜力及影响因素研究［J］. 北方经贸，2022（8）.

产品、服饰类、家具类、户外运动类、美容类、皮具类、母婴类、汽车配件类、灯光类和安全监控类。金额最多的是电子产品，其次是服装类产品，第三是家居园艺类产品。

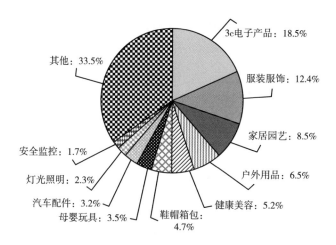

图 2.1　2018 年跨境电商主要出口产品类别

资料来源：网经社.《2018 年度中国跨境电商市场数据监测报告》发布［EB/OL］. http://www. 100ec. cn/detail - 6512462. html.

就进口而言，2018 年我国跨境电商用户最爱购买的产品中，第一位是护肤类产品，第二位是鞋类，第三位是箱包类，第四位是母婴用品，第五位是家具类，第六位是运动类，第七位是家电类，生鲜类和保健品分别为第八位和第九位。

4. 卖家集中于沿海经济发达地区

从图 2.2 可以看出，2018 年广东省为我国跨境电商出口企业最多的地区，其卖家数量占总额的 21%；第二位是浙江省，占比 17%；第三位是江苏省，占比 13%；第四位是上海市，占比 8%；第五位是福建省，占比 7%；第六位是北京市，占比 5%；第七位是山东省，占比 3%；第八位是河北省，占比约 2%。结合这些省份的地理位置可以发现，跨境电商卖家大都位于沿海经济发达区域。

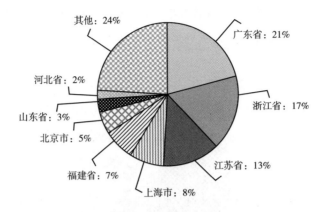

图 2.2　2018 年跨境电商卖家地域分布

资料来源：网经社．《2018 年度中国跨境电商市场数据监测报告》发布 ［EB/OL］．http：// www. 100ec. cn/detail－6512462. html.

5. 跨境电商贸易伙伴遍布世界，美国为我国跨境电商第一出口国

从图 2.3 中可以看到，我国跨境电商出口对象以欧美为主。

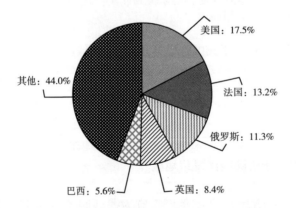

图 2.3　2018 年中国跨境电商出口目的地占比

资料来源：网经社．《2018 年度中国跨境电商市场数据监测报告》发布 ［EB/OL］．http:// www. 100ec. cn/detail－6512462. html.

2018 年中国跨境电商出口额中，美国占比 17.5%，位居第一；法国占比 13.2%，位居第二；俄罗斯、英国和巴西分别位居第三、第四和第五，五个国家总占比达 56%，可见发达国家及新兴地区是我国跨境电商出口的首选。

专栏：杭州跨境电商发展概况

杭州是全国第一个被设立为跨境电子商务综合试验区的城市，在国内率先展开"网购保税进口"和"直邮进口"等模式，具有电子商务产业完备、外贸实力雄厚、配套设施完备和政策支持多等优势。如表2.7所示。

表2.7　　　　　2015～2021年杭州市跨境电商交易规模

年份	进口额（亿美元）	出口额（亿美元）	交易规模（亿美元）	增速（%）
2015	11.91	22.73	34.64	—
2016	20.52	60.6	81.12	134.18
2017	29.14	70.22	99.36	22.49
2018	33.5	80.2	113.7	14.43
2019	42.51	95.48	137.99	21.36
2020	47.44	109.71	157.15	13.89
2021	40.1	131.3	171.4	9.07

2015年，杭州跨境进出口总额为34.64亿美元。此后，每年保持高速增长，2018年杭州跨境电商交易总额突破100亿美元，至2021年杭州市跨境电商交易总额为171.4亿美元。其间，出口额一直远远大于进口额。截至2018年6月，杭州的跨境电商相关产业链企业突破了1 400家。

杭州海关数据显示，杭州跨境电商进口产品中，化妆类产品所占份额最多，第二位是保健品类，第三位是护发用品类，第四位是母婴用品，第五位是宠物食品。韩国、日本、西班牙、美国和澳大利亚等国家是进口商品的主要来源地。在跨境电商出口中占据份额最多的是纺织服装类产品，鞋类排名第二，箱包占据第三位，第四和第五位分别是首饰、塑料制品。跨境电商出口目的地主要有俄罗斯、美国、英国、西班牙和日本等国家。

（资料来源：根据杭州市统计局2015～2021年的《杭州市国民经济和社会发展统计公报》整理，http：//tjj. hangzhou. gov. cn/col/col1229279682/index. html）

本章案例

阿里巴巴国际站：让世界更小，生意更大

阿里巴巴国际站成立于 1999 年，是阿里巴巴集团第一个业务板块，属于 B2B 型跨境电商平台。主要为商家提供一站式的线上服务，通过向海外买家展示、推广供应商产品，获得贸易商机和订单，是出口企业拓展国际贸易的首选网络平台之一。中小企业可以依靠入驻平台扩大自身出口，更加高效地开拓海外市场。截至 2022 年，阿里巴巴国际站累计服务 200 余个国家和地区的超过 2 600 万名客户。

国际站自成立以来便以"让所有中小型企业成为跨国公司"为宗旨，以实现中国品牌出海为目标，致力于打造一个公平、绿色、可持续的交易环境。2003 年阿里巴巴国际站推出"中国供应商"认证；2011 年上线第三方支付担保交易服务；2015 年推出信用保障业务。目前，随着数字化的不断发展，平台依托数字化技术，重构跨境贸易全链路，精准匹配跨境贸易买卖方需求，为双方提供精准服务。

（资料来源：根据阿里巴巴国际站信息整理，https：//supplier. alibaba. com/content/detail/PX874C04. htm？joinSource = gw_baidu_pc_085532&bd_vid = 12018424475706322496 https：//supplier. alibaba. com/）

课后习题

一、名词解释

1. 跨境电商

2. B2B 跨境电商

3. 垂直型跨境电商

4. 平台型跨境电商

5. 跨境电商行业渗透率

二、判断题（正确的表达打"√"，错误的表达打"×"）

1. 2009 年我国跨境电商发展处于萌芽期。　　　　　　　　　（　　）

2. 杭州是全国第一个被设立为跨境电子商务综合试验区的城市。（　　）

3. 目前亚太地区是全球跨境电商 B2C 市场份额最高的地区。　（　　）

4. 京东全球购属于综合平台型跨境电商企业。　　　　　　　（　　）

5. 我国跨境电商出口的主要国家为美国、英国和法国等发达国家。

　　　　　　　　　　　　　　　　　　　　　　　　　　　　（　　）

三、简答题

1. 跨境电商的类型可分为哪几种？分类依据是什么？

2. 跨境电商与传统外贸的不同点表现在哪些方面？

3. 简述我国跨境电商发展的主要阶段。

4. 简述杭州市跨境电商的发展现状。

参考文献

［1］李如秒．中国跨境电商发展评估与提升策略［J］．浙江学刊，2020（3）．

［2］李志远，刘丹．跨境电商统计监测体系建设难点与解决思路［J］．国际经济评论，2022（2）．

［3］马述忠，郭继文．制度创新如何影响我国跨境电商出口？——来自综试区设立的经验证据［J］．管理世界，2022（8）．

［4］马述忠，潘钢健．跨境电子商务平台与中小企业核心竞争力——基于阿里巴巴国际站的案例研究［J］．湖北大学学报（哲学社会科学版），2021（6）．

［5］任静．深圳跨境电商发展的优势、困境及出路［J］．深圳职业技术学院学报，2021（4）．

［6］修永春，杜永刚，李剑锋，叶帮华．面向跨境电商贸易新业态的金融科技应用展望［J］．新金融，2021（8）．

［7］徐学超，戴明锋．疫情冲击下我国跨境电商发展研究［J］．国际贸易，2022 （2）．

［8］杨夏悦．跨境电商发展的现状、机遇与挑战——以杭州跨境电子商务综合试验区发展为例［J］．黑龙江科技信息，2016（18）．

［9］张洪胜，张小龙．跨境电商平台促进全球普惠贸易：理论机制、典型事实和政策建议［J］．国际商务研究，2021（4）．

［10］张夏恒．跨境电商类型与运作模式［J］．中国流通经济，2017（1）．

［11］张月．外贸企业如何利用互联网＋模式提升企业效益［J］．知识经济，2016（4）．

［12］钊阳，戴明锋．中国跨境电商发展现状与趋势研判［J］．国际经济合作，2019 （6）．

［13］Abdulkarem A．，W. H. Hou. The Impact of Organizational Context on the Levels of Cross-Border E-Commerce Adoption in Chinese SMEs：The Moderating Role of Environmental Context［J］．*Journal of Theoretical and Applied Electronic Commerce Research*，2021，16（7）：2732 – 2749.

［14］Ma S. Z．，Y. C. Lin，G. J. Pan. Does Cross-Border E-Commerce Contribute to the Growth Convergence？：An Analysis based on Chinese Provincial Panel Data［J］．*Journal of Global Information Management*（*JGIM*），2021，29（5）：86 – 111.

［15］Xie G. X. Research on the Development of Cross-border E-commerce and Logistics Industry in Henan Province in the "One Belt and One Road" Perspective［J］．*Innovation Science and Technology*，2019.

| 第三章 |

市场采购贸易

第一节　市场采购贸易的定义与特征

一、市场采购贸易的含义

按照海关总署的定义，市场采购贸易是指由符合条件的经营者在经国家商务主管部门认定的市场集聚区内采购并办理出口商品通关手续的、单票报关商品货值在 15 万美元及以下的贸易方式，其海关监管方式代码为"1039"。

该贸易方式为以"多品种、多批次、小批量"为特征的外贸专业市场交易创设。市场采购贸易实行"两划定、三备案、一联网"，即划定采购地、商品限值；对代理商、采购商、供货商备案；将交易信息纳入联网信息平台，进行集中展销、集中采购、集中通关。

二、市场采购贸易的特征

市场采购贸易具有以下特征。

1. 单向性

市场采购贸易方式仅适用于出口贸易，即国外的采购商对国内市场集聚区商品进行采购；不适用于进口贸易。

2. 免征不退

市场采购贸易方式出口商品免征增值税、取消出口退税，实现无票出口，解决小微企业常见的进项票不足的问题，节约企业开票成本。

3. 简化归类

市场采购贸易商品可以按大类申报、可拼箱组柜，解决小微企业出口规模小、碎片化、频次多等难题，节约集装箱成本和运输成本，提升物流速度。

4. 通关更快

市场采购贸易可直接在商品采购地办理出口通关手续，无须将商品运至口岸海关再进行办理。每票报关单商品种类超过 10 种，即可实行简化申报，享受海关 24 小时全程电子通关、智能卡口验放等服务。

5. 结汇创新

市场采购贸易结汇灵活，既可由试点的市场采购贸易经营者收结汇，也可由其代理出口的市场经营户个人收结汇，结汇后可转私人账户。突破过去"谁出口、谁收汇"的外汇政策，加快企业回款速度。

三、市场采购贸易与传统国际贸易方式的对比

与传统的国际贸易方式相比，市场采购贸易方式具有以下特殊性。

1. 便利化

传统外贸资金、货物需跨境转移。而市场经营户参与市场采购贸易，除贸易对象是外商以外，交货方式、货款结账几乎与内贸无异，在境内便可完成外贸交易，实现在家门口开展和完成国际贸易。

2. 低门槛

在市场采购型国际贸易方式下，小微企业和市场经营户无须建立国外营销体系，即可在国际市场转移与交易国内商品，大幅降低了开展国际化经营的门槛、成本与风险。

3. 低成本

依靠专业市场集聚所形成的规模经济、专业化经济、分工经济，外商能在较短的时间内以较低的成本采购到多品种商品，并以拼箱组柜出口，降低运输成本，提高国际贸易的利润。

4. 高效化

外商大量聚集，市场交易频率高，专业化中介组织被催生，更为精细化的国际贸易分工链条形成，交易效率提高。

由表 3.1 可知，一方面，传统的一般贸易方式与多种类小商品贸易难以契合。传统的一般贸易方式一般适用于大宗货物出口，需要开增值税票，实行先征后退，且必须提交国内海关和国外海关需要的各种单证，包括原产地证书（FORMA）以及检验检疫证明等。日用小商品涉及法检比例高，若所有商品均做商检并提供相应单证，企业需要承担高额的通关时间成本和费用成本，高查验率也会造成海关拥堵。

另一方面，若继续沿用已有的"旅游购物商品贸易方式"同样面临诸多问题。在我国外汇管制环境下，高附加值小商品的出口受单票 5 万美元的报关金额限制，使得大量小商品无法正常结汇退税，进而影响了国际市场上我国小商品的竞争力。此外，旅游购物并未涉及结汇征税环节，导致外贸公司偷税漏税行为较为普遍。

表 3.1　　　　　　　　　　一般贸易与市场采购贸易的区别

项目	一般贸易（0110）	市场采购贸易（1039）
税务	增值税先征后退（出口必须要有发票）	增值税免征不退，可无票出口
结算	按正常程序结算	外汇结汇灵活，可以转私人账户，允许外商以人民币结算贷款
通关	按正常程序	出口货物按大类申报和认定查验
关检	随机抽查	来源可溯，风险可控，责任可究，交易确认
商务	全国注册，监管本地公司	本地注册，全程监管
商检	全申报，法检商品签发通关	法检商品，主动申报，签发通关单

在此背景下，市场采购贸易应运而生。可见，市场采购贸易主要是为解决碎片化贸易问题而产生的，为碎片化出口提供了一整套通关、商检、免税退税、结汇等系统的解决方案。

四、市场采购贸易的主要经营模式

采购贸易方式的参与者基本为中小微企业，主要采取以下三种经营模式。

1. 以市场采购贸易经营者为业务主导的模式

业务流程为：国外买家 A →境内生产商 B →市场采购贸易经营者 C →物流公司 D。

国外买家 A 拟采购境内生产商 B 的一批小商品，委托市场采购贸易经营者 C 与其他供货商组货、出口报关及发货。在此业务流程中，境内生产商负责提供货物，市场采购贸易经营者负责出口报关、信息登记等工作。

在这一经营模式中，出口收汇的回款对象根据出口合同的签订内容而定，可以是境内生产商 B，也可以是市场采购贸易经营者 C。

2. 以货物代理公司为业务主导的模式

业务流程为：国外买家 A →货物代理公司 B→物流公司 C→市场采购贸易经营者 D。

国外买家 A 需采购一批小商品，拟委托货物代理公司 B 在划定市场内进行采购、组货以及完成交易，然后通过物流公司 C 将货物从境内运至目的地；再由物流公司 C 委托已备案的市场采购贸易经营者 D 在境内海关报关出口，并在市场采购贸易联网信息平台上登记。在这一经营模式中，业务操作流程的专业细分程度更明显，业务总量以及单个流程的工作量也更大。货物代理公司或物流公司为市场采购贸易经营者。

在这一经营模式中，出口收汇的回款对象具体根据出口合同的签订方式而定，可能是货代公司，也可能是市场采购贸易经营者。

3. 以供应链企业为业务主导的模式

业务流程为：境内供货商 A→供应链企业 B →境外采购商 C。

在此经营模式中，供应链企业 B 分别与境内供货商 A、境外采购商 C 签订合同，负责发货、出口报关及信息登记等工作，并为境内供货企业提供融资便利。同时，实力较强的供应链企业还可以分担一定比例的出口应收账款风险。

在这一经营模式中，出口收汇的回款对象为供应链企业。

第二节　市场采购贸易的发展历程

一、市场采购贸易的发展阶段

市场采购贸易经历了初始萌芽、渐进生成与内涵发展三个阶段。

1. 初始萌芽阶段

在萌芽阶段，外围的服务业尚不发达，市场优势主要体现在商品集聚、价格优势方面。在此阶段，市场经营户与国外采购商直接接触，进行商品贸易。国外客户少，采购量有限。专业市场管理部门关注于如何吸引外商。

2. 渐进生成阶段

伴随着运输、物流、仓储等服务体系的日益发展完善，各种专业市场数量逐年增长，专业市场集群逐渐生成。大量外国采购商集聚于专业市场集群内部，专业市场的规模经济提高了交易效率，市场采购贸易逐渐形成。

在政策方面，一方面，需要为市场主体提供更多有效的便利措施；另一方面，要有效监管市场欺诈、假冒伪劣等违法行为，规范和促进市场采购型国际贸易的发展。

3. 内涵发展阶段

市场采购贸易成型后，进入内涵发展阶段。专业市场的影响力扩散至更远距离的其他产业区域，以市场为核心的跨区域分工协作网络逐渐形成。同时，随着现代物流体系进一步发展，专业市场内外交易效率显著提升。更大领域、更多国家的采购商集聚于专业市场集群网络之中。

政府需要继续优化营商发展环境，吸引优质外国采购商进入本地市场，推动市场采购贸易向规范化、制度化、便利化、高端化方向转变。

二、我国对市场采购贸易的促进政策

2013~2021年我国对市场采购贸易的促进政策如表3.2所示。

表 3.2　　　　　　　　　2013～2021 年我国对市场采购贸易的促进政策

发布时间	监管部门	政策名称	具体内容
2013 年 4 月	商务部等八部委	《关于同意在浙江省义乌市试行市场采购贸易方式的函》	为加快外贸发展方式转变，优化完善外贸管理体制，进一步提升贸易便利化水平，促进市场采购贸易持续健康稳定发展，同意自 2013 年 4 月 18 日起在浙江省义乌市试运行市场采购贸易方式
2015 年 12 月	国家税务总局	《市场采购贸易方式出口货物免税管理办法（试行)》	第三条　市场经营户自营或委托市场采购贸易经营者以市场采购贸易方式出口的货物免征增值税。 第六条　市场经营户应在货物报关出口次月的增值税纳税申报期内按规定向主管国税机关办理市场采购贸易出口货物免税申报；委托出口的，市场采购贸易经营者可以代为办理免税申报手续
2016 年 5 月	国务院	《关于促进外贸回稳向好的若干意见》	第九条　加大对外贸新业态的支持力度，开展并扩大跨境电子商务、市场采购贸易方式和外贸综合服务企业试点。总结中国（杭州）跨境电子商务综合试验区和市场采购贸易方式的经验，扩大试点范围，对试点地区符合监管条件的出口企业，如不能提供进项税发票，按规定实行增值税免征不退政策，并在发展中逐步规范和完善
2018 年 5 月	海关总署	《关于扩大市场采购贸易方式试点的公告》	根据 2018 年政府工作报告要求，为加快培育贸易新业态新模式，促进外贸创新发展，市场采购贸易试点范围已扩大至温州（鹿城）轻工产品交易中心、泉州石狮服装城、湖南高桥大市场、亚洲国际家具材料交易中心、中山市利和灯博中心、成都国际商贸城 6 家市场。为促进市场采购贸易的健康稳定发展，规范对市场采购贸易的管理，根据《海关总署关于市场采购贸易监管办法及其监管方式有关事宜的公告》，现将海关监管方式"市场采购"（代码：1039）的适用范围扩大到上述市场内采购的出口商品，海关监管相关事宜按照公告第一项到第十项规定办理
2018 年 9 月	商务部等七部委	《关于加快推进市场采购贸易方式试点工作的函》	同意温州（鹿城）轻工产品交易中心作为国家第四批市场采购贸易方式试点
2020 年 12 月	商务部等七部委	《关于加快推进市场采购贸易方式试点工作的函》	加快推进昆明市、德宏州瑞丽市市场采购贸易方式试点工作，培育贸易新业态新模式，加快推进昆明市市场采购贸易方式试点工作，培育贸易新业态新模式
2021 年 7 月	国务院办公厅	《关于加快发展外贸新业态新模式的意见》	十、优化市场采购贸易方式政策框架。完善市场采购贸易方式试点动态调整机制，设置综合评价指标，更好发挥试点区域示范引领作用。支持各试点区域因地制宜探索创新，吸纳更多内贸主体开展外贸，引导市场主体提高质量、改进技术、优化服务、培育品牌，提升产品竞争力，放大对周边产业的集聚和带动效应。到 2025 年，力争培育 10 家左右出口超千亿元人民币的内外贸一体化市场，打造一批知名品牌

第三节 我国市场采购贸易的发展现状

一、全国市场采购贸易发展总体情况

2013 年 4 月，市场采购贸易方式首次在浙江省义乌市落地，并逐渐覆盖整个沿海区域，然后向中西部省份推广延伸。我国先后于 2015 年、2016 年、2018 年及 2020 年增设四批共计 31 个试点市场，覆盖东部、中部、西部 15 个省区市。从区位分布来看，31 个试点主要集中于东部沿海一带；从出口商品类别看，主要以服装、箱包、家居用品等为代表的生活、生产用品为主。如表 3.3 所示。

表 3.3   我国现有市场采购贸易试点市场

批　次	市场采购试点市场	设立时间
第一批	浙江义乌市场采购试点（1 个）	2013 年 4 月
第二批	江苏海门叠石桥国际家纺城、浙江海宁皮革城（2 个）	2015 年 12 月
第三批	江苏省常熟服装城、山东省临沂商城、广东省广州花都皮革皮具市场、河北省白沟箱包市场、湖北省武汉汉口北国际商品交易中心（5 个）	2016 年 9 月
第四批	温州（鹿城）轻工产品交易中心、泉州市石狮服装城、湖南高桥大市场、亚洲国际家具材料交易中心、中山市利和灯博中心、成都国际商贸城（6 个）	2018 年 11 月
第五批	辽宁西柳服装城、浙江绍兴柯桥中国轻纺城、浙江台州路桥日用品及塑料制品交易中心、浙江湖州（织里）童装及日用消费品交易管理中心、安徽蚌埠中恒商贸城、福建晋江国际鞋纺城、山东青岛即墨国际商贸城、山东烟台三站批发交易市场、河南中国（许昌）国际发制品交易市场、湖北宜昌三峡物流园、广东汕头市宝奥国际玩具城、广东东莞市大朗毛织贸易中心、云南昆明俊发·新螺蛳湾国际商贸城、深圳华南国际工业原料城、内蒙古满洲里满购中心（边贸商品市场）、广西凭祥出口商品采购中心（边贸商品市场）、云南瑞丽国际商品交易市场（边贸商品市场）（17 个）	2020 年 9 月

资料来源：根据海关总署《关于市场采购贸易监管办法及其监管方式有关事宜的公告》《关于市场采购贸易方式扩大试点的公告》《关于市场采购贸易方式扩大试点的公告》《关于扩大市场采购贸易方式试点的公告》《关于扩大市场采购贸易方式试点的公告》整理。

市场采购贸易出口额始终保持着持续增长的趋势，据海关总署统计，我国市场采购贸易出口额从 2012 年的 310.3 亿元增至 2021 年的 9 303.9 亿元，年均增长 35.5%，占同期出口总值的 4.3%（见表 3.4）。市场采购贸易规模在 6 年增长了 5 倍，成为拉动外贸增长的重要动力。截至 2021 年 7 月，全国市场采购贸易出口国家和地区约为 220 个，各类备案主体超过了 15 万家。

表 3.4　　　　　　　　 2012 ~ 2021 年全国市场采购贸易出口额

年份	全国市场采购贸易出口额（亿元）
2012	310.3
2013	814.5
2014	1 092.4
2015	1 771.7
2016	2 039
2017	3 139.6
2018	3 656.1
2019	5 629.5
2020	7 043.1
2021	9 303.9

资料来源：揭昊. 市场采购贸易方式试点研究［J］. 管理现代化，2022（2）.

二、浙江市场采购贸易发展概况

1. 浙江的试点市场

2013 年商务部、国家发改委等八部委联合发布《关于同意在浙江省义乌市试行市场采购贸易方式的函》。自义乌获批市场采购贸易方式试点后，外贸呈现出爆发式增长。2015 年 12 月，浙江省新增海宁皮革城试点。2018 年 11 月，新增温州（鹿城）轻工产品交易中心试点。2020 年 9 月，新增浙江绍兴柯桥中国轻纺城、浙江台州路桥日用品及塑料制品交易中心、浙江湖州（织里）童装及日用消费品交易管理中心三个试点，至此浙江省试点城市增加到 6 个。

2. 义乌试点情况

2016～2021 年浙江省义乌市市场采购贸易出口额及同比增长率如图 3.1 所示。

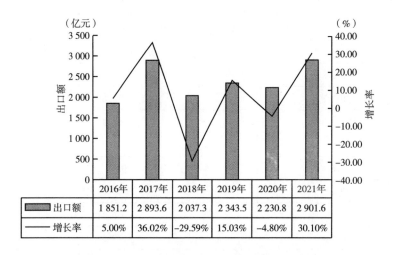

图 3.1 2016～2021 年浙江省义乌市市场采购贸易出口额及同比增长率

资料来源：根据义乌市统计局 2016～2021 年的《义乌市国民经济和社会发展统计公报》整理。

义乌市作为先行区，2014 年市场采购贸易方式出口额为 177.84 亿美元，2018 年为 309.44 亿美元，2019 年增至 329.05 亿美元。出口国家以印度、伊拉克、沙特阿拉伯等为主，同时美国也在出口份额中占据重要地位。此外，"一带一路"沿线国家或地区与试点市场之间的经贸关系不断加强，出口至"一带一路"沿线国家或地区的商品也不断增加。出口商品种类非常多元，涵盖日用消费品、箱包、服装、纺织、工程物料等数百种商品。[①]

3. 义乌发展市场采购贸易的经验

浙江省国税、商务、海关、检验检疫、外汇管理、工商等多部门支持大

---

① 王建立. 中国市场采购贸易实践经验与发展趋势探析［J］. 对外经贸实务, 2020（8）.

力发展市场采购贸易。发展至今，义乌市已经形成一整套较为完备的市场采购贸易操作流程：组货装箱—检验检疫—报关—免税管理—外汇结算，并成为全国其他试点学习借鉴的范本。如表3.5所示。

表3.5　　　　　　　　　义乌市场采购贸易业务流程

序号	业务名称	操作主体	办理平台
1	组货装箱：经地方政府商品认定体系认定，商品方可以市场采购贸易方式出口。组货装箱操作具体指实现属地商品认定；申报出口商品等	市场采购贸易经营者	联网信息平台组货装箱子系统
2	检验检疫：在法定检验检疫目录内，商品先申报再获得通关单后可出口。符合小额、小批量报检条件的市场采购贸易方式出口商品，可以免除第三方检测，直接签发通关单。利用联网信息平台，小额小批量商品报检可快速完成通关	检验检疫局报检备案	联网信息平台检验检疫子系统
3	报关：海关增设市场采购贸易监管方式（监管代码：1039）。可通过联网信息平台共享组货装箱信息进行预报关，无须发送至海关报关进行二次录入	报关行备案	联网信息平台预报关子系统、海关QP报关系统
4	免税管理：以市场采购贸易方式出口的货物，可免征增值税。市场采购贸易经营者需为其代理出口的供货商在线提交申请，经国税部门核准后，可免除增值税、城建税、教育附加费等税费	市场采购贸易经营者	联网信息平台免税申报子系统
5	外汇结算：市场采购贸易方式结汇对象根据出口合同而定，可以是出口企业收结汇，也可由商品出口委托方的个体工商户收结汇	个体工商户（须在本地银行开立外汇结算账户）	联网信息平台个人贸易外汇管理子系统

资料来源：义乌市商务局. 义乌国际贸易综合信息服务平台操作手册［EB/OL］. http://trade. yw. gov. cn/cczzn/t10708. html.

三、广东市场采购贸易发展概况

广东省在市场采购贸易方面也比较迅速。如表3.6所示，2020年广东省市场采购出口2 944.5亿元，增长23%。2021年广东市场采购规模均突破3 000亿元，达3 159.3亿元，增长7.3%。

表3.6　　　　　2017～2020年广东省市场采购贸易出口额及同比增长率

年份	市场采购出口额（亿元）	同比增长率（%）
2017	815.1	—
2018	2 446.3	200.1
2019	2 393.4	－2.2
2020	2 944.5	23.0
2021	3 159.3	7.3

资料来源：揭昊. 市场采购贸易方式试点研究［J］. 管理现代化, 2022 (2).

　　2015年12月，广东省广州花都皮革皮具市场被列入全国第三批市场采购贸易试点；2017年9月，广东省商务厅等10部门联合发文，市场采购贸易外贸代理商注册地被放宽至全省，试点政策红利在全省范围内分享；2018年11月，新增佛山市（顺德）亚洲国际家具材料贸易中心、中山市立和灯饰博览中心试点；2020年9月，新增汕头市宝奥国际玩具城、东莞市大朗毛织贸易中心、深圳市华南国际工业原料城试点。至此广东省市场采购贸易方式试点也达到6个。

　　其中，广州市场采购贸易出口额在全国试点城市中排第二位。作为广东省首个市场采购贸易试点，广州拥有600多个专业批发市场。自2018年以来，市场采购贸易方式年均出口额接近1 500亿元，占全省约1/2。[①]

专栏：广州花都的市场采购贸易

　　自花都区市场采购贸易试点获批以来，广州市各部门从加强领导、完善政策、搭建平台、创新突破、激励引导、加强宣传等多方面入手，不断推动市场采购贸易发展。

　　由于花都试点市场仅2 000多亩，无法满足国外采购商对于全省各专业市场多品种商品的需求。花都试点突破了传统企业注册的做法，采用

---

① 丘亮, 卢苇, 崔妤. 市场采购之"花"绽放花都［J］. 中国检验检疫, 2019 (5).

集群注册的模式，准许商户"场内注册、场外经营"，促进商户集聚。

截至 2020 年 12 月底，已在平台备案的各类经营主体超过 1.6 万家。其中，个体供货商户达 1.5 万家，外贸公司超过千家。2017 年花都区年进出口额首次突破百亿美元，试点供货商户以市场采购贸易方式出口商品共 123 亿美元；2018 年花都区市场采购贸易试点市场延续良好发展态势，试点商户以市场采购贸易方式出口商品共 359 亿美元，同比增长 200%；2019 年因广东省内佛山、中山试点挂牌导致的业务分流等原因，花都区试点出口规模稍有下降，全年商户以市场采购贸易方式出口共 217 亿美元；2020 年花都区试点市场采购贸易出口共 283 亿美元，同比增长 30.4%。

（资料来源：石茂胜，朱文远，石睿. 市场采购贸易新模式的新实践［J］. 小康，2021（11））

本章案例

义乌小商品市场的市场采购贸易

浙江省义乌市是我国市场采购贸易方式最先产生的地方。改革开放以来，经过 40 多年的发展，义乌成为全球最大的小商品集散地和我国最大的小商品出口基地。2013 年，义乌连续 23 年位居全国各大专业市场的榜首，小商品市场交易额约为 683 亿元。

在义乌市场，境外采购商采购的小商品通常具备多品种、多批次、小批量等特点；在出口通关环节，报关通常以多个采购商、多种商品、拼箱组柜方式进行。以传统贸易方式出口，存在通关时间长、检测成本高、效率低、监管困难等问题。

为了促进义乌小商品市场的发展，商务部等部门出台了《关于同意在浙江省义乌市试行市场采购贸易方式的函》，自 2013 年 4 月 18 日起在义乌小商品市场推进市场采购贸易方式试点工作。以市场采购贸易方式出口，有效避免了上述问题。

近年来义乌市场采购贸易方式稳中有进，2021 年出口额达 2 901.6 亿元。市场采购贸易方式历年出口额占全市出口总额的比重均超过了 80%，促进了义乌市的经济发展。义乌市市场采购贸易运营企业备案数量也逐年增加，从 2016 年的 5.7 万余家增长至 2020 年的 7 万余家。

（资料来源：吴峰宇．义乌市市场采购出口额破千亿 [N]．信息新观察，2022.5.18）

课后习题

一、名词解释

1. 市场采购贸易

2. 市场采购贸易试点市场

二、判断题（正确的表达打"√"，错误的表达打"×"）

1. 市场采购贸易不仅适用于出口贸易，也适用于进口贸易。　　（　　）

2. 市场采购贸易有利于国内商品向国际市场的转移。　　　　　（　　）

3. 市场采购贸易实现了结汇创新。　　　　　　　　　　　　　（　　）

三、简答题

1. 市场采购贸易具有哪些特征？

2. 一般贸易与市场采购贸易的区别体现在哪些方面？

2. 市场采购贸易经营者有几种主要模式？

3. 义乌市场采购贸易方式流程具体为哪几步？

4. 以货物代理公司为业务主导的模式中，谁是出口收汇的回款对象？

参考文献

[1] 曹颖燕．采购贸易新业态融资支持措施分析 [J]．对外经贸，2022（6）.

［2］蒋伟. 义乌市场采购贸易方式实施研究——以国际贸易综合改革试点为视角［J］. 中国集体经济，2014（36）.

［3］揭昊. 市场采购贸易方式试点研究［J］. 管理现代化，2021（2）.

［4］蓝庆新，童家琛. 我国外贸新业态新模式可持续发展研究［J］. 国际经济合作，2022（2）.

［5］陆立军，郑小碧. 劳动分工、职业中间商与市场采购型国际贸易［J］. 南方经济，2014（2）.

［6］尚沛江. 数字经济背景下我国外贸新业态发展研究［D］. 石家庄：河北经贸大学，2022.10.

［7］汪晓旭. 市场采购贸易方式的演进及推广研究［D］. 长沙：湖南大学，2019.2.

［8］王建立. 中国市场采购贸易实践经验与发展趋势探析［J］. 对外经贸实务，2020（8）.

［9］祝美红. 市场采购贸易方式：源起思考、实践推进与未来趋势［J］. 对外经贸，2019（7）.

［10］Carvallo J. P., S. P. Murphy, A. Sanstad, P. H. Larsen. The use of wholesale market purchases by U. S. electric utilities［J］. *Energy Strategy Reviews*，2020（30）.

［11］Hayward T. J., K. E. Burgher. Coal quality market modeling with pooled data：An example that traces the spot market purchases of Dayton Power and Light［J］. *Mining Science and Technology*，1989，8（1）.

［12］Hsieh C. T, C. D. Romer. Was the Federal Reserve Constrained by the Gold Standard during the Great Depression? Evidence from the 1932 Open Market Purchase Program［J］. *The Journal of Economic History*，2006，66（1）.

| 第四章 |

外贸综合服务

第一节 外贸综合服务的定义与特征

一、外贸综合服务的定义

外贸综合服务是外贸新业态的一种。外贸综合服务企业将各类和进出口相关的业务资源集约化、规模化、专业化，为中小型企业提供进出口专项服务。具体来讲，包括通关、物流、退税、金融、保险等各环节的服务，能够提高出口效率，降低出口成本，对促进我国外贸转型升级具有积极意义。运行机制如图4.1所示。

外贸综合服务企业的服务内容分为基础服务、金融服务、特色服务三个方面。

1. 基础服务

（1）装箱出运与报关出口。外贸综合服务物流部门在客户下单审核通过后，按客户要求安排国内段物流并委托货代公司报关出运，取得装箱单、提单、监装过程照片等物流单据；客户自行安排物流与报关的也须取得上述物流单据，且报关数据由平台直接发送委托报关机构。

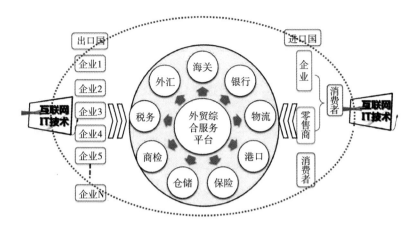

图 4.1　外贸综合企业运行机制

资料来源：中国外经贸企业服务网．外贸综合服务企业服务内容和盈利模式 ［EB/OL］．http：//

12335．mofcom．gov．cn/article/wmzhfwxzyqysj/201901/1924761_1．html．

（2）收汇认领与核销。客户订单必须通过平台收汇，结汇汇率按照预先约定的结汇规则执行。核销政策一般是客户出口额与收汇额一致。

（3）工厂开票结算。通过客户取得与海外买家签订的外销合同、与生产工厂签订的采购合同，平台使用专用增值税发票开票模板（品名、单位和数量等均与报关口径一致）给工厂开票。在已收汇且收到工厂有效发票后支付货款。

（4）退税申报与完成。在报关出口、收汇和开票认证完成且集齐全部退税单据（购销合同、物流单据、报关单及场站单据等）后，由财务部门申请退税。

2. 金融服务

金融服务基本都是基于贸易背景的垫资服务，如信用证收款项下融资（打包贷款、买断/非买断信用证融资）、赊销订单融资、库存质押融资乃至信用融资（如一达通的"流水贷"）等。

金融服务流程与基础服务基本相同，只是部分环节更为规范和严格。如客户下单时需要平台与海外买家直接签订外销合同，订单支付条件需要平台审核，装箱报关出运须由平台安排等。还款来源为订单收汇金额，另外大部分平台还会提供远期（锁汇）结汇服务。

3. 特色服务

多数平台公司均会利用资源优势提供自己的特色服务。例如，宁波世贸通依托股东货运服务背景，以优惠报价提供专业且可视化的物流货代船运服务；一达通可以给予客户在阿里国际站较大的搜索排序优势；汇晟通平台股东拥有专业的服装打样设计中心和检测中心（通过国家实验室 CNAS 认证），可以提供优惠优质的延伸服务。

二、外贸综合服务的特征

外贸综合服务企业与传统的外贸企业、代理公司都有所不同。与外贸企业相比，它只提供服务，不参与企业的业务；与代理公司相比，它提供的服务更加综合全面，代理公司主要提供基础服务，而外贸综合服务还提供金融服务、特色服务等。

总体上，外贸综合服务具有以下特点。

1. 与互联网技术深度结合

外贸综合服务企业借助互联网平台整合各种资源来提供与贸易相关的各类服务，创造出新的运营模式。

2. 降低进出口成本

与传统的外贸企业相比，外贸综合服务企业能够整合物流、出口、银行、保险等各个方面的资源，为中小型企业提供全方位的进出口服务，从而使进出口成本更低，并能提高出口效率。

3. 不直接参与贸易经营

外贸综合服务企业以服务创造价值，并不直接参与贸易经营，其提供服务的价格就是代理费的价格，不以买卖差价来赚取利润。

4. 提供服务是主要的收入来源

外贸综合服务包括整个外贸流程中的各种服务——通关、收汇、退税、物流、仓储、融资、保险、市场推广等，这些服务是外贸综合服务企业的主要收入来源。此外，还可依靠融资、增值服务和信用保障体系等来开拓新的盈利渠道。

第二节 我国外贸综合服务新业态的发展历程

一、外贸综合服务的发展历程

1. 萌芽期

20世纪90年代以来，经济全球化进程加速，跨国公司逐渐将一些产业转移到世界各地。此时中国正处于改革开放新时期，抓住了经济全球化的机遇，迅速发展制造业，成为"世界工厂"。中国的出口方式最初主要是以加工贸易为主，但随着产业的发展，逐渐向一般贸易靠拢。随之而来的是沿海地区产生了许多民营中小企业从事外贸活动，这些企业对进出口服务有大量的需求。其后，互联网技术广泛传播，现代服务业也应运而生。由此便产生了催生外贸综合服务新业态的必要基础。

2. 酝酿期

2001年，中国加入世界贸易组织（WTO）。为了满足加入WTO的条件，中国解除外贸管制，将进出口经营权由审批制改为备案制。至此，任何法人企业，只要到商务部门备案即可获得进出口经营权。随着进出口经营权的放开，传统进出口代理公司难以符合市场要求，被专业化程度和效率更高的代理服务公司所取代，后来演变为各类供应链管理公司。这些供应链管理公司朝外贸综合服务又靠近了一步。

3. 产生期

2008年国际金融危机爆发后，随着订单分拆这种生产模式的流行，产生了大量的小额贸易，中小贸易企业由此发展了起来。

虽然中小企业拥有了很多发展机遇，但同时也面临着一些问题。这些企业要在国际市场上占有一席之地需要有专业的外贸人才，还要进行海外市场考察、广告宣传等。若要完成以上业务，中小企业就要付出很长的时间和经济投入，还要承担很多风险。此外，很多中小企业在融资贷款方面十分困难，因为这类企业都存在经营时间较短、企业信誉不达标、没有价值合适的抵押担保物等问题。

此时，中小企业急需代理进出口企业来帮助完成上述业务，而传统的代理企业主要给信誉好的大型企业提供服务。如此一来，大量中小企业的需求便形成了一个机遇，外贸综合服务企业就是在这种情况下诞生的。其目标客户主要是中小型企业，借助线上平台，给中小型企业提供完整的外贸流程服务，帮助解决进出口难题。

专栏：东莞的"汇富"集团

最早的外贸综合服务企业诞生于广东省，分别是东莞的"汇富"和深圳的"一达通"。2009年，汇富集团实施战略转型，确立了全新定位，提出打造面向广大中小微企业的外贸服务平台，通过引入全新的外贸服务供应链理论，创新外贸服务模式，建立服务团队，为中小企业提供全供应链管理服务，提高其贸易竞争力。

2011 年，汇富集团业绩取得快速增长，进入对外贸易民营企业 500 强，出口位列第 151 位。2012 年汇富集团进入一般贸易出口 50 强，同年获得"东莞市信息化与工业化融合标杆企业"称号。汇富集团旗下的"汇富赢"平台获得省中小企业局颁发的"广东省中小企业公共服务示范平台"称号以及省科技厅颁发的"广东省镇中小微企业外贸服务平台"称号。

（资料来源：汇富集团. 走进广东汇富集团 ［EB/OL］. http：//www. mbase. org. cn/page96？ article_id = 619）

4. 规范期

随着互联网技术和现代服务业的发展，有越来越多的信息服务平台开展外贸综合服务活动。2013 年 7 月，国务院常务会议提出支持外贸综合服务企业为中小民营企业出口提供融资、通关、退税等服务，首次在政府层面提出"外贸综合服务"的概念。此后，国家又出台了一系列鼓励和扶持外贸综合服务平台发展的政策，各省份崛起了多个代表性外贸综合服务平台。2017 年 9 月，商务部等五部门首次明确外贸综合服务企业的定义。此后，政府又对外贸综合服务平台的出口退税、风险控制等方面问题进行了规范和要求，外贸综合服务平台的发展进入规范时期。

二、我国对外贸综合服务的促进政策

自 2013 年起，国务院多次发文鼓励外贸综合服务企业发展。我国关于外贸综合服务的政策性文件经历了"承认地位—鼓励发展—规范责任"的发展阶段，对外贸综合服务企业的相关要求越来越规范清晰。

表 4.1 是国家层面对外贸综合服务业态的促进政策；表 4.2 是商务部等部门对外贸综合服务业态的相关支持政策。

表 4.1 国家层面对外贸综合服务业态的政策

发布时间	发布部门	政策名称	重点内容
2013 年 7 月	国务院	《关于促进进出口稳增长、调结构的若干意见》	第九条　充分发挥外贸综合服务企业的作用，为中小企业出口提供通关、融资、退税等服务，抓紧研究促进外贸综合服务企业发展的支持政策
2015 年 2 月	国务院	《关于加快培育外贸竞争新优势的若干意见》	第四条第五款　加快培育新型贸易方式……培育一批外贸综合服务企业，加强其通关、物流、退税、金融、保险等综合服务能力
2015 年 4 月	国务院	《关于改进口岸工作支持外贸发展的若干意见》	第七条　支持新型贸易业态和平台发展……进一步完善相关政策，创新监管方式，扩大市场采购贸易试点范围，推动外贸综合服务企业加快发展，支持扩大外贸出口
2015 年 7 月	国务院	《关于促进进出口稳定增长的若干意见》	第四条　加快推进外贸新型商业模式发展……制定支持外贸综合服务企业发展的政策措施。2015 年底前提出推广外贸新型商业模式的方案，于 2016 年初开始实施
2016 年 5 月	国务院	《关于促进外贸回稳向好的若干意见》	第九条　加大对外贸新业态的支持力度……加快建立与外贸综合服务企业发展相适应的管理模式，抓紧完善外贸综合服务企业退（免）税分类管理办法
2020 年 11 月	国务院	《关于推进对外贸易创新发展的实施意见》	第十条　创新业态模式，培育外贸新动能……促进外贸综合服务企业发展，研究完善配套监管政策
2021 年 7 月	国务院	《关于加快发展外贸新业态新模式的意见》	第十二条　进一步支持外贸综合服务企业健康发展。引导外贸综合服务企业规范内部风险管理，提升集中代办退税风险管控水平。进一步落实完善海关"双罚"机制，在综合服务企业严格履行合理审查义务，且无故意或重大过失情况下，由综合服务企业和其客户区分情节承担相应责任。到 2025 年，适应综合服务企业发展的政策环境进一步优化

表 4.2 商务部等部门对外贸综合服务业态的相关政策

发布时间	发布部门	政策名称	重点内容
2014 年 2 月	国家税务总局	《关于外贸综合服务企业出口货物退（免）税有关问题的公告》	第一条　外贸综合服务企业以自营方式出口国内生产企业与境外单位或个人签约的出口货物，同时具备以下情形的，可由外贸综合服务企业按自营出口的规定申报退（免）税：（一）出口货物为生产企业自产货物；（二）生产企业已将出口货物销售给外贸综合服务企业；（三）生产企业与境外单位或个人已经签订出口合同，并约定货物由外贸综合服务企业出口至境外单位或个人，货款由境外单位或个人支付给外贸综合服务企业；（四）外贸综合服务企业以自营方式出口

续表

发布时间	发布部门	政策名称	重点内容
2016 年 9 月	国家税务总局	《关于进一步优化外贸综合服务企业出口货物退（免）税管理的公告》	第一条　税务机关应按照风险可控、放管服结合、利于遵从、便于办税的原则，对外贸综合服务企业进行分类管理，并严格按照《国家税务总局关于发布修订后的〈出口退（免）税企业分类管理办法〉的公告》规定的分类标准，评定和调整综合服务企业的出口退（免）税企业管理类别，有效实施分类管理，落实相关服务措施
2017 年 9 月	商务部、海关总署、税务总局、质检总局、外汇管理局	《关于促进外贸综合服务企业健康发展有关工作的通知》	现阶段，外贸综合服务企业是指具备对外贸易经营者身份，接受国内外客户委托，依法签订综合服务合同（协议），依托综合服务信息平台，代为办理包括报关报检、物流、退税、结算、信保等在内的综合服务业务和协助办理融资业务的企业。外贸综合服务企业是代理服务企业，应具备较强的进出口专业服务、互联网技术应用和大数据分析处理能力，建立较为完善的内部风险防控体系
2018 年	海关总署	《关于公布〈海关认证企业标准〉的公告》	从企业信用管理的角度出发，明确了外贸综合服务企业海关 AEO 高级认证和一般认证的标准

　　各个省份也发布了对外贸综合服务业态的支持政策，并评定了一批试点外贸综合服务企业，实施了一系列的扶持措施来支持试点企业的发展。

　　以广州市为例，广州市商务局等部门出台的《关于促进外贸综合服务企业发展的实施意见》提出："通过大力培育外贸综合服务企业发展，为中小微企业开拓国际市场提供集成服务，加快形成我市外贸发展新优势，推动外贸转型升级。"2020 年，广州海关出台 28 条措施，其中提出"培育更多符合标准的外贸综合服务企业成为海关 AEO 认证企业，促进更多企业享受AEO 通关便利"。

第三节　我国外贸综合服务新业态的发展现状

一、我国外贸综合服务业态的发展现状

　　自 2013 年以来，外贸综合服务业态在中国迅速扩展。在外贸转型的关键时期，外贸综合服务企业起到了有力的推动作用。各个省份的外贸综合服

务平台数量逐年上涨，营业额持续扩大。截至 2021 年，全国外贸综合服务企业已经超过 1 500 家，服务客户数量也超过了 20 万家。①

各省份政府也出台了很多支持外贸综合服务企业的政策措施，如推行通关便利措施、出口退税措施、金融服务措施、信用保险措施、财政政策支持和保障服务措施等。

专栏：宁波世贸通的运营

宁波世贸通国际贸易有限公司以电子商务和互联网技术为依托，为广大中小微外贸企业及个人提供一站式全流程出口服务。于 2016 年 9 月获批"国家级外贸综合服务试点企业"，全国仅 4 家，长三角地区仅 1 家；是国家首批"国际贸易电子商务服务试点专项企业"。

2017 年世贸通代理出口金额逾 7 亿美元，已累计为超过 1 万家客户提供过出口代理服务。2020 年，宁波世贸通营业收入达 64.72 亿元，同比增长 4.46%；2021 年营业收入 84.39 亿元，同比增长 30.40%。2020 年世贸通的净利润为 928.9 万元，2021 年为 3 013 万元。

下面是宁波世贸通的成功运营案例。

宁海某公司的诉求："我司是一家长期从事木材销售的贸易公司，有着多年的市场贸易经验和专业的价格走势分析能力。在看准市场价格有可能持续攀高的情况下，于国外供应商处采购一批木材，采购金额为 60 万元人民币，但因我司流动资金有限，不足以支付全额货款，希望世贸通协助我司将此订单顺利履行。"

为此，世贸通给出了操作方案："宁海某公司支付一定比例的开证保证金至世贸通，由世贸通开立全额信用证至国外供应商。同时，世贸通及时跟踪并反馈此批木材流向讯息至宁海某公司。待货物到港后，世贸

---

① 黄丙志，刘宗沅. 新技术涌现下新型国际贸易业态模式发展和制度瓶颈突破——以外贸综合服务平台发展为例 [J]. 科学发展，2022（10）.

通协助宁海某公司将此批木材报关至境内并配合销售。最后，在信用证规定付汇期限内，世贸通支付货款至国外供应商，完成此批木材的交割。"

在世贸通的金融方案支持下，宁海某公司顺利履行订单，与国外供应商达成了良好的合作。

（资料来源：世贸通 . "世"观贸易，"企"望未来 ［EB/OL］. https：//www. sohu. com/a/254967257_753060）

二、代表性企业：深圳一达通

一达通是我国专业服务于中小微企业的外贸综合服务行业的开拓者和领军者，是全国服务企业较多、服务地域较广的外贸综合服务企业。其进出口服务包含进出口通关、物流、收汇、退税、融资全流程。一达通的服务以通关、外汇等进出口监管环节为基础，保证贸易真实性；以信息化为核心，转变外贸交易方式，提升外贸竞争力；通过电子商务手段解决外贸企业流通环节的服务难题；以物流为辐射，形成线下服务网络。

一达通提供极有优势的出口综合服务，内容包括：

（1）以阿里巴巴一达通名义完成全国各大口岸海关的申报，以高效通关为服务宗旨。

（2）帮助客户完成出口收汇国际结算业务，是国内唯一一家有银行进驻的外贸综合服务企业，安全便捷、到账快、成本低。

（3）以一达通名义快速办理退税业务，收齐单据后企业便可获得退税融资款，提高企业的资金周转率。

2014 年，阿里巴巴集团全资收购了一达通，从此一达通成为阿里巴巴外贸生态圈的重要组成部分。加入阿里巴巴后，一达通也开始更茁壮地成长。在其原有产品线外，一达通与 7 家知名的商业银行进行合作，基于供应商的出口大数据，给企业提供纯信用贷款的金融服务。在物流方面，一达通对货船和货代资源进行整合，为客户提供价格透明、安全的整柜拼箱服务。

一达通官网数据显示，2010 年底，一达通公司客户为 1 500 家，交易额在 2 亿美元左右。被阿里巴巴全资收购后，一达通服务的企业数量迅速提升。2015 年，一达通公司的交易额达到 150 亿美元。2016 年，一达通交易额达 225 亿美元，在我国外贸出口企业中排名第二位。截至 2016 年底，一达通服务的企业超过 13 万家。

三、外贸综合服务业态面临的问题与对策

外贸综合服务业态还处在探索发展的阶段，因而存在着许多问题和风险，需要不断改进和创新。

1. 企业盈利模式问题

当前，外贸综合服务企业如何经营以及如何盈利尚未形成较为成熟的模式。大多数平台的前身是进出口代理公司或者外贸公司，对于电子商务的业务流程不熟悉，导致提供的服务较为单一；并且一些平台的功能不够完善健全，用户体验较差。

2. 行业竞争问题

从行业竞争方面来看，为了争夺市场份额，很多企业甚至牺牲自己的利润，给中小企业补贴以吸引它们到平台出货。2014 年，一达通推行出口 1 美元补贴 3 分钱人民币的政策，给外贸综合服务行业带来了很大冲击。但这种恶性竞争给企业带来很大的成本压力，非常不利于外贸综合服务企业的健康长远发展。

3. 业务层面问题

很多外贸业务员虽然熟悉制作单据、报关等业务流程，但对于办理出口退税和贸易融资这类难度较高的业务来说，他们的应对并不是很娴熟、规范。

在对策方面，一是适应客户需求提供针对性服务。外贸综合服务企业的运营模式和服务内容要满足中小外贸企业的真实需求，真正为这些企业的进出口解决问题。除了要做好一些基础服务，比如装箱出运与报关出口服务、物流运输服务等，还要拓展一些新型服务，如产品展销、海外仓等。二是要加强风险控制。外贸综合服务企业要提高服务业务的风险管理意识，强化风险控制能力，识别各类业务的风险并且制定合理的防范措施。三是促进外贸综合服务与其他新业态的融合发展。外贸综合服务企业可以利用政策优势，包括跨境电商综合试验区政策和市场采购贸易政策等，扩展业务范围和业务规模。

本章案例

广州洲博通

洲博通外贸综合服务平台成立于 2017 年，主要为外贸企业提供退税、外汇、物流、财税、金融、产品认证等一站式外贸综合服务。洲博通始终秉持以"互联网"和"大数据"的理念推动传统外贸代理行业转型。公司拥有强大的技术开发能力，平台自主开发的"外贸综合服务平台系统""物流货代系统"和"外贸综合服务风控系统"获得行业普遍认可。

2018 年，洲博通外贸综合服务平台不但顺利通过审核在广州股权交易中心挂牌，并且在湛江成立了合资公司"湛神通"，进一步布局珠三角市场。"洲博通"外贸综合服务平台旗下子公司业务涵盖一般贸易、市场采购、商业保理、软件技术开发和全球物流等。未来，"洲博通"外贸综合服务平台将继续联合各方资源，致力于发展"云计算""大数据"外贸综合服务新业态。

洲博通是一站式的外贸综合服务平台，让出口企业专注于接单和生产，后续所有的出口流程都由外贸综合服务平台来操作；提升了效率，降低了客户成本。洲博通外贸综合服务平台定位是专业的外贸供应链平台，在平台上客户可以找到性价比高的物流方案、计算开票金额、生成报关资料、上传信用证审核、评估海外买家资信等。

针对"融资难，融资贵"的痛点，洲博通外贸综合服务平台在收齐出口备案单证后三个工作日内将相应的退税款支付给客户；外贸综合服务平台完全嵌入客户的出口流程当中，帮助客户解决所有单证备案问题，归档留存数据文件；外贸综合服务平台提供一站式的服务，客户无须重复寻找其他服务商；所有环节的问题均由外贸综合服务平台承接解决；根据客户的海外买家资信情况，外贸综合服务平台提供应收货款保理的服务，进一步提高企业资金周转速度。

（资料来源：李芷琪. 广交会搭"贸易之桥"［N］. 南方都市报，2023.4.1）

课后习题

一、名词解释

1. 外贸综合服务

2. 装箱出运

3. 退税申报

二、判断题（正确的表达打"√"，错误的表达打"×"）

1. 外贸综合服务企业的出现，使中小企业可以在通关、退税等方面享受到专业大企业的服务。因为中小企业要给这些服务支付代理费，所以增加了运营成本。　　　　　　　　　　　　　　　　　　（　　）

2. 外贸综合服务企业又被称为进出口代理公司。　（　　）

3. 外贸综合服务企业的服务内容可以分为基础服务、金融服务、特色服务三个方面。　　　　　　　　　　　　　　　　　（　　）

4. 外贸综合服务企业帮助企业进行经营决策，给企业提供了很多便利。

（　　）

三、简答题

1. 简述外贸综合服务的服务内容。

2. 外贸综合服务企业与传统外贸企业有何不同？与进出口代理公司有何不同？

3. 简述一达通的发展概况。

参考文献

［1］骆敏华. 外贸综合服务企业业务模式与风险控制［J］. 国际商务财会, 2016 (7).

［2］刘贤亮, 周志丹. 一站式外贸综合服务平台服务模式、问题及对策研究［J］. 经营与管理, 2021 (2).

［3］商务部. 中国对外贸易形势报告 (2021 年春季)［EB/OL］. http://www.mofcom. gov.cn/article/fxbg/bgdwmy/.

［4］吴琪, 扈飞. 重构外贸综合服务新业态［J］. 国际经济合作, 2020 (4).

［5］魏颂. 一达通助力中小外贸企业商业模式创新研究［D］. 南京：东南大学, 2018.

［6］徐静. 外贸综合服务平台统计体系研究［D］. 杭州：浙江工商大学, 2019.

［7］殷慧欣. 数字经济背景下我国服务外包产业发展问题研究［D］. 哈尔滨：黑龙江大学, 2021.

［8］周丽群. "互联网＋大外贸"发展新模式分析——对海尔探索外贸综合服务新模式的调研与思考［J］. 国际贸易, 2016 (4).

［9］中国外经贸企业服务网［EB/OL］. http://12335.mofcom.gov.cn/article/wmzhf-wxzyqysj/201901/1924761_1.html.

［10］Anderson J. E. et al. Dark costs, missing data: Shedding some light on services trade ［J］. *European Economic Review*, 2018.

| 第五章 |

平行进口

第一节　平行进口的定义与特征

一、平行进口的定义

平行进口是指未经品牌厂商授权，贸易商将品牌商品从海外市场引入国内市场进行销售的行为；平行是指与传统的进口渠道相平行。

平行进口的商品主要是汽车。以进口地为依据可将平行进口汽车分为"美规车""中东车""加版车""欧版车"等，便于与授权渠道销售的"中规车"相区别。

平行进口车的销售涉及汽车制造商、海关入境、进口贸易商和消费者四个环节，最终售卖价格与国际市场价格接轨；中规车的销售涉及汽车制造商、海关入境、中国总经销商、大区经销商、地区经销商（4S）店和消费者六个环节，销售价格往往由经销商来决定。

平行进口的另一个领域是专利药品。对专利药品的平行进口有助于平抑专利药品价格，提高医药市场的可竞争性，激励药品创新。

二、平行进口的表现形式

1. 返销

重新进口或返销，是平行进口的最初始形态。具体来说，若生产商在本国制造某商品，并在本国按市场价 P1 售卖；同期按照低于 P1 的价格 P2 在他国销售；当第三方在他国以较低价格 P2 合法购得该商品后，将其返销至原产国（即本国），以低于原市场价 P1 的价格 P3（P2 < P3 < P1）再次出售，则在原产国市场上，该第三方成为该商品的供给方，凭借价格优势与生产商开展竞争。经返销的商品所构成的市场即所谓的"灰色市场"，返销产品也被称为"灰色市场产品"。

2. 无授权进口

无授权进口是返销的"变体"。生产商利用他国廉价的劳动力成本（假设相较于本国成本较低），通过在他国注册的子公司或被许可人，在他国市场进行生产并以价格 P1 销售该商品；但未在本国市场销售。若第三方在他国市场上以价格 P1 合法购得商品后，进口至本国，再以 P2（P2 < P1）的价格在本国市场销售。

3. 平行进口

第三种形式为上述两种形式的结合体。生产商通过其在他国的子公司或被许可人，在他国制造低成本的商品；同时供应他国市场及本国市场，假设本国的商品售价为 P1，而在他国该商品的售价为 P2（P2 < P1），则平行进口商可用价格 P2 在他国购得商品后进口至本国，并以价格 P3（P2 < P3 < P1）在本国进行销售，与生产商或其被授权人展开竞争。

三、平行进口相关术语

1. 发船

平行进口车最常见的运输形式是海运，汽车制造商在海外把车装进集装箱，集装箱再上船，运往买方指定的国内港口。对于经销商而言，车辆发船即可大概确认到达国内的时间。

2. 拆箱

车辆到达指定港口后，需要从集装箱内取出查验，这个过程叫作拆箱。本过程中经销商需要及时查看车辆型号、配置是否符合要求，外观及内饰是否有伤，一切确认无误后将车辆统一安排进入海关的监管库。拆箱是车辆到港后报关前的第一个步骤，拆箱完毕的车辆需停放在海关指定的监管仓库等待检测。

3. 报关报检

车辆到达国内口岸后，需要进行各项报关审批流程。进口车商需要在车辆到港前准备好详细的车辆参数，将驱动形式、排气量、马力、车身尺寸、座位数甚至喇叭数量等具体信息录入商检系统，这个流程称为报检。商检审核通过后获得"通关单"。

报关的目的之一是定税额。因每台进口车玻璃上都贴有"车窗纸"，上面明确含有车辆的厂家建议零售价（MSRP）、排量、选配等信息。报关员会根据车窗纸的价格来确定税额，没有车窗纸的车辆会涉及审价，审价是按照MSRP、排量、配置这些来定税额。

4. 打税放

定完税额后，由贸易公司财务部门打税款，此时车辆基本报关工作已经结束。打完税款，正常次日可以提车。在打税和提车中间还要向海关递交相关资料，审核后就可以拿到"货物进口证明书"，即"关单"。

5. 现车手续齐

现车手续齐是指车辆已经出关，并且车辆手续关单（货物进口证明书）、车辆一致性认证书、商检（进口机动车随车检验单）、环保清单（轻型汽油车环保信息随车清单）都已办理完毕。车辆各项单据和车辆本身随时可以查看。

6. 当天开票

支持当天开票是指在当天付款购车时，即可开具车辆发票。所有的东西当天都可取走返回当地车管所上牌，可以避免后续关于车辆购买手续不齐及交付时间方面的纠纷。

7. 上牌

车辆购买后需要进行上牌。上牌环节需准备关单、商检、车辆一致性证书、车辆购置发票、进口车辆电子信息、环保信息随车清单和身份证件等，以上材料缺一不可。

四、平行进口的特征和优势

1. 平行进口产品的特征

平行进口的产品存在某些受保护的知识产权，如商标权、专利权等。经平行进口的产品与特定的知识产权相关；不过平行进口的对象是知识产权产品，而非知识产权本身。

平行进口产品有着合法的来源，是由权利人或经其同意之人投放于出口国或地区的市场的"真品"，而非假货。

平行进口产品以低价与进口国或地区市场上原有的同一知识产权产品展

开竞争，因价格优势更容易占领市场。

2. 平行进口汽车的优势

（1）销售环节更少，价格更低。平行进口车打破了传统车企的垄断性进口贸易模式，相对价格弹性空间会更大一些。由于省去了传统汽车销售渠道中品牌经销商的利润，消费者能够获得相对低价位的进口车产品。通常平行进口车比中规车价格要低10%～20%。

（2）现车发售，选择多样化。平行进口车在海外采购后，可马上运至国内销售，省去了大部分新车等待时间。如全新Q7，平行进口车市场比国内市场早两个月即开始现车销售。同时，平行进口车款型配置更丰富，在同等价格的情况下，能够购买中国没有的海外车型，如旅行车和小众跑车、全尺寸车型等。另外，国外与国内消费观念有所不同，平行进口车的配置更丰富、更个性化。

（3）进口产品，境外装配。平行进口车的本质就是进口车，制造、组装都在境外，原料也来自境外。

第二节　平行进口的发展历程及促进政策

一、平行进口的发展历程

传统交易模式中，一辆进口汽车从进入国门到最终消费者，经历了国内总经销商、各级区域经销商和各地零售商，直接导致了我国的进口汽车销售价格较高、车型较为陈旧。

2011年，一些进口汽车经销商为了避开跨国汽车企业对进口车的垄断，开始采用非量产改装车的中国强制性产品认证（即业内人士口中的"小3C"认证）模式进口汽车，这种模式可以看作是平行进口汽车的雏形。

这一认证模式增加了口岸的抽检环节，每十台进口汽车抽检一台进行生产一致性核查和非破坏性检测试验，以此来代替对境外改装厂进行的生产一致性审查。

2014年8月1日，国家工商总局发布了《关于停止实施汽车总经销商和汽车品牌授权经销商备案工作的公告》，其中规定平行进口车经销商不再受备案制度限制，完全合法化。此时平行进口汽车行业才被国家认可，而后相继出台多项规定，支持平行进口的发展。

2015年底，国家认证认可监督委员会发布《关于自贸区平行进口汽车CCC认证改革试点措施的公告》，在认证环节推出放宽原厂授权、调整认证模式以及简化工厂检查要求等一系列措施。

2016年，商务部等部委印发了《关于促进汽车平行进口试点的若干意见》，加快推动汽车平行进口试点政策措施落地。平行进口车市场迎来了又一轮高速发展。

2016年10月14日，国务院总理李克强主持召开国务院常务会议，会议确定"打破汽车销售品牌授权单一模式，扩大汽车平行进口试点省份范围"。

2017年，我国汽车整车进口口岸由19个增至26个。

2018年，我国分别调整进口汽车增值税税率和关税。其中，增值税税率下调1个百分点至16%，9座及以下乘用车、客用车、车重5吨及以下的轻型货车的进口关税下调10个百分点至15%。

2020年5月，国家认证认可监督委员会发布了关于汽车强制性产品认证实施细则的公告，确定了平行进口车的国六认证方案。如果原厂车型在中国（中规版）已经通过了国六3C认证，平行进口的同款车型将同等获得认证。反之，则无法获得3C认证。

二、我国对平行进口的促进政策

平行进口汽车从原来的灰色地带逐渐走向规范，最终成为进口汽车贸易的一种重要方式，这一转变与国家的政策支持分不开。2014～2022年平行进口汽车领域的主要政策汇总如表5.1所示。

表 5.1 2014~2022 年平行进口汽车主要的相关政策

发布时间	发布部门	政策名称	主要内容
2014 年 7 月	国家工商总局	《关于停止实施汽车总经销商和汽车品牌授权经销商备案工作的公告》	2014 年 10 月 1 日工商总局停止汽车总经销商和汽车品牌授权经销商的备案工作
2014 年 11 月	商务部	《关于中国上海自由贸易试验区开展平行进口汽车试点有关问题的复函》	"平行进口汽车"首次在官方媒体和政府文件中正式提及
2016 年 2 月	商务部等 8 部门	《关于促进汽车平行进口试点的若干意见》	针对汽车平行进口试点提出政策支持,简化汽车自动进口许可证申领管理制度;深化平行进口汽车强制性产品认证改革;进一步提高汽车平行进口贸易便利化水平;积极推动平行进口汽车环保和维修信息公开;加强平行进口汽车注册登记管理服务;重点加强质量追溯和售后服务体系建设;切实加强监管等
2017 年 1 月	国家认监委	《关于进一步深化汽车强制性产品认证改革的公告》	进一步完善认证规则,推动汽车平行进口指定认证机构建设。在认证受理环节可适当放开对原车型或原基础车型获证的要求,将认证受理车型扩大到所有平行进口车型
2018 年 10 月	国务院办公厅	《关于印发完善促进消费体制机制实施方案(2018—2020 年)的通知》	深入推进汽车平行进口试点。全面取消二手车限迁政策,便利二手车交易
2019 年 8 月	商务部等 7 部门	《关于进一步促进汽车平行进口发展的意见》	提出了进一步促进汽车平行进口发展的一系列意见。一是允许探索设立平行进口汽车标准符合性整改场所。二是推进汽车平行进口工作常态化制度化
2020 年 4 月	国家发展改革委等 11 部门	《关于稳定和扩大汽车消费若干措施的通知》	要求 2020 年 7 月 1 日前生产、进口的国五排放标准轻型汽车,2021 年 1 月 1 日前允许在目前尚未实施国六排放标准的地区销售和注册登记
2021 年 2 月	商务部	《关于印发商务领域促进汽车消费工作指引和部分地方经验做法的通知》	完善汽车平行进口管理。开展汽车平行进口工作的地区,应持续优化保管、通关、查验等进口流程,提高平行进口汽车通关效率;支持企业拓展货源渠道、搭建收货服务体系,建立健全监管机制,规范企业经营行为,提升业务发展水平;按照国家有关规定,配合生态环境部门落实平行进口汽车环保信息公开政策,推动平行进口业务可持续发展

第三节　我国平行进口的发展现状

一、全国平行进口发展总体情况

1. 平行进口汽车市场发展良好，但年进口量有所波动

图 5.1 中数据显示，2014～2017 年我国平行进口汽车年进口量保持连年增长，2017 年的年进口量为 17.24 万辆，同比增长 29.8%。从总量来看，由于受美产车加征关税以及环保要求趋严的影响，2018 年平行进口汽车共进口 13.97 万辆，同比下滑 18.6%。2019 年情况好转，出现回升，全年平行进口汽车进口量 16.32 万辆，同比增长 16.82%。

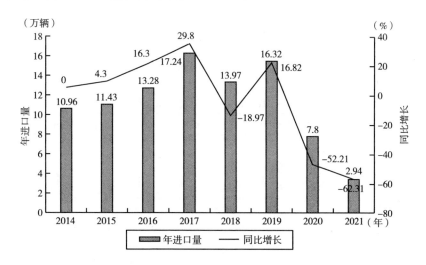

图 5.1　2014～2021 年平行进口汽车年进口量及同比增长率

资料来源：中国汽车流通协会. 中国平行进口汽车市场现状和发展趋势［EB/OL］. http：//cada. cn/Data/info_87_6866. html；许广健. 平行进口汽车价格指数构建探析［J］. 汽车工业研究，2022（12）.

2021 年，受多重因素影响，平行车全年累计进口 2.94 万辆，同比下降

62.31%，不及 2017 年进口量峰值的 1/5。不过，自 2021 年下半年起，随着陆续有车型通过国六试验，平行进口车市场正在复苏。

2021 年平行进口量明显下滑，其原因如下。第一，2021 年 3 月前国六问题尚未解决，企业进口车辆的意愿受限。第二，由于国六环保排放标准是全球极为严格的标准，导致原有平行车市场占比最大的中东车辆基本无法进口，进口量锐减。第三，受新冠肺炎疫情及芯片短缺影响，全球豪华车市场产量大幅减少，车源采购困难且价格大幅上涨，也是导致进口数量锐减的原因之一。第四，平行进口车国六问题，企业需要有足够的时间完成各个车型的试验验证，而实验室资源紧缺，出现排队现象。

2. 平行进口汽车车型结构稳定，以 SUV 车型为主

表 5.2 统计了 2014～2017 年平行进口汽车车型结构。可知平行进口汽车车型主要有三大类，分别是运动型多用途汽车（sport utility vechicle，SUV）、多用途汽车（multi-purpose vehicles，MPV）和其他车型，其中 SUV 车型为平行进口汽车的主要车型，占比稳定在 80% 以上。2014～2017 年 MPV 车型占比保持小幅上升，但依然在 10% 以下。

表 5.2　　　　　　　　2014～2017 年平行进口汽车车型结构

年份	SUV 占比（%）	MPV 占比（%）	其他占比（%）
2014	88	3	9
2015	87	5	8
2016	83	6	11
2017	88	6	6

资料来源：中国汽车流通协会. 中国平行进口汽车市场现状和发展趋势 [EB/OL]. http://www.cada.cn/Data/info_87_6866.html.

3. 平行进口汽车 SUV 结构丰富，以 B 级、C 级和 D 级为主

SUV 同其他小轿车相比，具备更强动力、更大空间和更优异的载客能力。SUV 车辆是轿车与越野车的合体，在一定程度上既有轿车的舒适性又有越野车的越野性能，该类型车辆既可载人又可载货，适用范围更广。

我国参照德国汽车分级标准，以轴距、排量、重量等参数为划分依据将汽车分为 A00、A0、A、B、C 和 D 六个等级。其中，A00、A0、A 级车一般指小型轿车；B 级车指中档轿车；C 级车指高档轿车；而 D 级车指豪华轿车。字母越靠后，表示该级别车的轴距越长，排量和重量越大，轿车的豪华程度也越高。

在平行进口汽车市场中，SUV 车型分级与轿车有所不同，通常按照尺寸大小分为五个等级：小型 SUV（车身长度小于 4 200mm，轴距小于 2 500mm）、紧凑型 SUV（车身长度介于 4 200mm ~ 4 600mm，轴距介于 2 500mm ~ 2 700mm）、中型 SUV（车身长度介于 4 600mm ~ 4 800mm，轴距介于 2 700mm ~ 2 900mm）、中大型 SUV（车身长度介于 4 800mm ~ 5 000mm，轴距介于 2 800mm ~ 3 000mm）以及全尺寸 SUV（车身长度大于 5 000mm，轴距超过 3 000mm），依次对照为 A0、A、B、C 和 D 级车型。

如图 5.2 所示，2017 年平行进口 SUV 以 B 级、C 级和 D 级车型为主；其中 SUV C 级车型占比超过 1/2，占平行进口汽车市场份额的 51.3%。

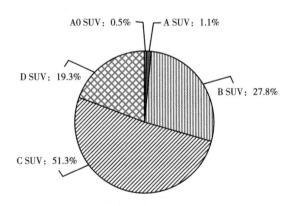

图 5.2　2017 年平行进口汽车 SUV 型号结构

资料来源：中国汽车流通协会. 中国平行进口汽车市场现状和发展趋势［EB/OL］. http：// www. cada. cn/Data/info_87_6866. html.

4. 平行进口汽车车辆主要为中东版

如图 5.3 所示，对 2017 年平行进口汽车车辆来源地进行分析，2017 年平行进口汽车车辆来源有中东版、北美版、欧版、南美版、亚洲版、非洲版和其他车型。其中，中东版车型进口最多，占比高达59%，北美版和欧版两种车型占比也比较突出，分别占比18%和11%，其他车型进口占比12%。

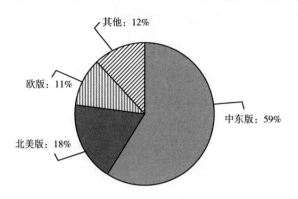

图 5.3　2017 年平行进口汽车车辆来源地

资料来源：中国汽车流通协会. 中国平行进口汽车市场现状和发展趋势［EB/OL］. http：//www. cada. cn/Data/info_87_6866. html.

二、天津平行进口发展概况

天津港作为全国重要的进口汽车港口，其进口汽车数量占全国进口汽车总量的60%以上。2015 年天津自贸区正式挂牌成立，天津口岸平行进口汽车试点方案获批，促进了天津口岸汽车平行进口贸易的发展。目前，天津港已成为全国平行进口汽车市场份额最大的口岸。

天津口岸平行进口汽车产业积淀多年，已形成平行进口汽车全产业链。天津口岸专门从事批发、销售平行进口汽车的相关企业达 1 000 家以上，现已建成 3 家大型汽车城，聚集了 20 多家汽车展厅，展厅面积达到 20 万平方米以上。来自美国、欧洲、中东等国家和地区的供货商 600 余家，海外采购商 400 余家，全国 220 个城市将近 1 500 家企业从滨海新区取得货源。①

据统计，经天津口岸入关的平行进口汽车销售区域辐射全国。2017 年进

---

① 王宁. 平行进口汽车行业稳步复苏 ［N］. 经济参考报，2022. 7. 8.

口平行进口汽车 13.4 万辆，成为全国首个进口平行进口汽车超过十万辆的口岸，占全国总量的 75.4%。连续五年天津口岸入关的平行进口汽车保持占比在全国六成以上。近年来，虽有南沙等口岸的分羹，但天津口岸市场份额仍然保持着 60% ~ 65% 的绝对优势地位。[①]

天津市平行进口汽车流通协会官网数据显示，2022 年 5 月，企业申报进口平行车 4 441 辆，较 4 月增加 12.7%；终端零售月销量为 2 444 辆；月度终端销量连续 9 个月保持在 1 000 辆以上。

为助力平行进口产业发展，天津市采取了一系列措施。

1. 重视政策引领

天津积极出台多项行业规范政策，涉及总体规划、创新监管、优化海外供给等多个方面，引领汽车平行进口行业向好发展。

2. 给予资金支持

2018 年以来，天津出台《天津市支持汽车平行进口发展项目申报指南》等政策，从平行进口汽车信息化系统、3C 认证、合规性整改场所等多个方面给予资金支持。

3. 推动行业大数据指数体系建设

以天津自贸试验区平行进口汽车部门监管数据、服务平台数据、进口机动车 3C 核销系统数据、交强险销售数据等为基础，开展天津口岸平行进口汽车价格行情表、平行进口汽车畅销车型价格指数等大数据指数体系建设工作。

4. 充分发挥行业协会的作用

借助天津商会等行业协会的力量，通过行业规范和行业自律，优化天津汽车平行进口行业营商环境。

---

① 董欣，刘昭鹏．"天津经验"护航自贸区特色产业创新发展 ［N］．滨城时报，2022.3.4.

三、广州平行进口发展概况

据南沙海关数据统计，2018 年南沙汽车口岸申报平行进口整车 14 115 辆、货值 7.8 亿美元，分别增长 46.86%、54.04%。车型数量也不断增加，包括宾利天悦、玛莎拉蒂莱万特、菲尼迪 QX80 等 32 款全新车型。2019 年，占地面积达 1.3 万平方米的南沙汽车码头汽车展贸中心全面投入使用，这是广州地区规模最大、入驻企业最多的平行进口汽车专业展厅。

自成立以来，南沙自贸区平行汽车进口到港累计超过 2.8 万台，已成为华南最大、全国仅次于天津的第二大平行汽车进口口岸。截至 2019 年 3 月，南沙口岸从事平行进口汽车业务的企业已增至 114 家。国内领先的大型平行进口汽车企业多已将南沙作为其南方总部，业务辐射两广、云南和贵州地区。

专栏：新冠肺炎疫情对南沙平行进口的影响

疫情期间，以往表现出色的平行进口车，降幅高于进口车整体。数据显示，2020 年第一季度我国平行进口车同比销量下滑 45%。从事平行进口汽车业务的南沙宝奔豪车国际贸易有限公司，原计划上半年车辆进口销售量 1 500 台。截至 4 月上旬，销售量仍是零。

2020 年 9 月，广州出台《广州市支持商贸业发展实施办法》，对从南沙口岸通过平行进口方式进口的汽车，给予不超过 500 元/辆的扶持，单个企业最高扶持 400 万元。在多方努力下，下半年广州平行进口有所恢复。在进口车型上，日系车比例上升，欧洲车占比下降，中东版车基本进入寒冬。

造成这种现象的原因主要有三个方面。一是国六标准严格。我国新发布的国六各项指标，较欧洲标准要严格。以颗粒物、一氧化碳、氮氢化物为例，国六标准为 0.003 克、0.5 克以及 0.035 克；欧六排放标准为

不得高于 0.005 克、1 克以及 0.06 克。而大多数平行进口车商难以通过国六标准。二是国六检测需要用到 OBD 认证及 PVE 测试文件，但这些文件是原主机厂家的核心数据，是不可能交到平行进口车经销商手中的。经销商无法达到国六标准，其引进的车型也就无法上牌销售。三是疫情导致销售市场人流下降。疫情期间，消费者闭门不出；平行进口经销商基本都在规模较大的汽车交易市场，所以经营难度更大。

（资料来源：陈邦明．千年商都拥抱新业态［N］．南方日报，2020.4.30）

本章案例

天津滨海国际汽车城

天津保税区国际汽车城是中国最大的平行进口汽车展示销售中心，也是资历最老、人气最高的车城，该汽车城常年密集地流动着从世界各地运送来的平行进口车。优质的头衔背后是汽车城用心良苦的经营。

首先是车展、展卖与汽车文化三者的结合。天津滨海国际汽车城不但为各汽车经销商提供全新的现代化展卖场所，而且还充分体现了与汽车相关的文化氛围。在汽车城内设立汽车与百年汽车发展史的展览回廊，并配有相关的各类书籍、画册、报刊等。结合现代科技，在汽车城内投放全息影视设施，包括汽车影院、大屏幕、电子信息系统、网络系统等全新展示形式。车城同时利用汽车城内新闻中心、特色餐厅、旋转展台、灯光效果以及全息影视屏幕为各汽车厂商、经销商，提供高水准的新车发布平台。

其次是把整个展馆与旅游项目相结合。汽车城将自身独特的外形设计、丰富的内部功能、最前沿的汽车展示等资源，同滨海新区内的港湾、海景、大型海上游乐园、商业群、特色海鲜餐饮相结合，使天津滨海国际汽车城成为滨海新区旅游热线上的一个闪光的亮点。

最后是把有限的展示空间与无限扩展空间相结合。天津滨海国际汽车城通过汽车城内的局域网、全息影视大屏幕、影院、互联网等设施，向各汽车厂商、经销商提供全球最新汽车信息和商业信息，提供国际各大汽车展的现场情况、新车发布情况。同时也将天津保税区内的汽车种类、数量、价格、各种性能以及车展的全部资料对外发布。

（资料来源：侯小菲．天津港平行进口汽车发展研究［J］．社科纵横，2017（12））

课后习题

一、名词解释

1. 平行进口

2. 打税放

3. 返销

4. 拆箱

二、判断题（正确的表达打"√"，错误的表达打"×"）

1. 平行进口的对象是知识产权产品，而非知识产权本身。 （ ）

2. 平行进口产品是由权利人或经其同意之人投放于出口国或地区的市场的"真品"，而非假货。 （ ）

3. 天津港是全国平行进口汽车市场份额最大的口岸。 （ ）

4. 南沙口岸已成为华南最大、全国仅次于天津的第二大平行汽车进口口岸。 （ ）

三、简答题

1. 简述平行进口的三种形式。

2. 简述平行进口汽车的特点。

3. 简述平行进口汽车与中规车在销售环节的区别。

4. 结合天津案例，试说明如何推动平行进口车行业发展。

参考文献

［1］侯小菲．天津港平行进口汽车发展研究［J］．社科纵横，2017（12）．

［2］黄晖．我国商标权利用尽与平行进口的司法实践［J］．中华商标，2022（5）．

［3］刘国民．天津平行进口汽车业务强势发展［N］．中国贸易报，2019.8.13.

［4］马乐，刘亚军．平行进口法律规制的再思考——以知识产权独占许可为视角［J］．当代法学，2009（2）．

［5］马旭霞．平行进口中商标"混淆可能性"的判定：欧盟的经验及对中国的启示［J］．政法论坛，2019（2）．

［6］齐梦莎，马静．新"国六标准"下汽车平行进口发展研究［J］．新经济，2021（9）．

［7］苏慧清，李凯，李倩．平行进口的经济效应研究——基于授权发展中国家生产的分析［J］．国际贸易问题，2016（9）．

［8］王瑞．我国专利药品平行进口研究［J］．中国发明与专利，2020（5）．

［9］徐明辉，张红烛，蒋一春．我国非中规进口汽车认证制度发展历史及前景建议［J］．时代汽车，2022（16）．

［10］许广健，陈海峰，王海洋．2020年中国汽车平行进口行业分析［J］．汽车纵横，2021（4）．

［11］许广健．2019年及2020年上半年中国汽车平行进口行业分析［J］．汽车工业研究，2020（4）．

［12］姚鑫．平行进口车市场SWOT分析［J］．中国管理信息化，2018（16）．

［13］Chen Y. M. , K. E. Maskus. Vertical Pricing and Parallel Imports［J］. *Journal of International Trade & Economic Development*. 2005（14）：1 - 18.

［14］Gnecco G. , B. Tuncay, F. Pammolli. A Comparison of Game-Theoretic Models for Parallel Trade［J］. *International Game Theory Review*, 2018（5）．

第六章

数字贸易

第一节 数字贸易的定义与特征

2019 年 11 月，中共中央、国务院发布的《关于推进贸易高质量发展的指导意见》明确指出，促进贸易新业态发展、提升贸易数字化水平。2020 年以来，新冠肺炎疫情的全球大流行对世界经济与国际贸易造成巨大冲击。疫情加速了人们生活和工作方式的转变，客观上也推动了经济数字化转型进程的加快。在这样的背景下，数字贸易迎来了发展契机，已经成为新的、非常有活力的贸易形式，对于促进经济和贸易发展有着十分重要的意义。

一、数字贸易的定义

从国际上看，数字贸易还没有形成一个广为大众接受的定义，不同的机构、学者对其有不同的界定。

2013 年，美国国际贸易委员会（USITC）在《美国及全球数字贸易》报告中首次提出"数字贸易"概念，指出数字贸易是一种在线交付服务的贸易方式。交易对象包括视频、游戏、音乐、电子书籍等；社交媒体也被涵盖在内。该概念强调"数字服务贸易"。

2014 年，USITC 在《美国与全球经济中的数字贸易 II》中对数字贸易的定义进行了拓展，交易对象不仅包括服务，还包括电子商务平台上购买的实体货物、基于数字技术递送的产品等。此概念强调"数字服务贸易 + 数字货物贸易"。

2017 年，美国贸易代表办公室（USTR）在《数字贸易的主要障碍》中，将数据跨境流动也纳入数字贸易类别中，如大数据贸易、云计算、搜索引擎等。此概念强调"数字服务贸易 + 数字货物贸易 + 数据本身的跨境流动"。

在我国，根据中国信息通信研究院发布的《数字贸易发展与影响白皮书（2019）》，数字贸易包括基于信息通信技术开展的线上交易促成的实物商品贸易，还包括通过信息通信网络传输的数字服务贸易，如数据、数字产品、数字化服务等。

2020 年，马述忠给数字贸易的定义是我国学者具有代表性的观点。他认为，数字贸易是以数字化平台（现代信息网络）为载体，通过人工智能、大数据和云计算等数字技术的有效使用实现实体货物、数字化产品与服务、数字化知识与信息的精准（高效）交换的新型贸易活动，是传统贸易在数字经济时代的拓展、延伸和迭代。

对数字贸易的分类如表 6.1 所示。

表 6.1 数字贸易的分类

数字货物贸易	跨境电商	跨境电商 BtoB
		跨境电商 BtoC
数字服务贸易	数字内容贸易	软件贸易、影视作品贸易、数字图书等
	数字方式贸易	社交媒介、在线教育、远程医疗、远程办公、云会展、网络游戏、网络广告、在线电影、在线音乐、移动应用等
	数据贸易	数据存储和数据搜索等：云存储、云计算、搜索引擎、大数据贸易等

资料来源：笔者整理。

数字贸易的分类中包括如下内容。

其一,跨境电商。在当前全球疫情延续的背景下,跨境电商成为驱动我国国际贸易发展的新动能,规模呈爆炸式增长。据海关总署统计数据,2020年,我国跨境电商进出口额达 1.69 万亿元,增幅为 31.1%。2021 年 1~5 月,我国跨境电商进出口额超过 7 000 亿元,增长 36.9%。

其二,在线教育。当前,各种教育资源通过网络技术突破了空间和距离方面的限制,向更广泛的地区辐射,促进教育资源利用的最大化;在网络普及的前提下,通过虚拟现实教学、全景直播互动教学等手段,理论上使任何人在任何时间、任何地点自主选择课程,能充分满足民众对现代教育的需求。

其三,线上办公。各地抓住疫情防控期间"风口期",大力发展在线办公软件等数字化软件产业,鼓励企业开展线上办公。

其四,远程医疗。跨境远程医疗可以有效突破地域限制,使患者享受到优质的医疗服务,提高优质医疗资源的可及性,实现医疗资源的全球互动和共享。

专栏:广州的数字服务贸易

2021 年广州数字服务贸易规模达到 235.84 亿美元,增长 42.8%;数字服务出口和服务辐射全球 200 多个国家和地区;与"一带一路"沿线 30 多个国家和地区开展业务往来。

截至目前,广州市共获评 5 个国家级特色服务出口基地。广州市天河区获评为首批国家数字服务出口基地、国家文化出口基地,番禺区获评为第二批国家文化出口基地,广东省中医院获评为首批国家中医药服务出口基地,广州经济技术开发区获评为全国首批知识产权服务领域特色服务出口基地。

天河区国家数字服务出口基地拥有数字服务类企业近 2 万家,汇聚了酷狗音乐、荔支网络、三七互娱等总部企业。汇量科技打造了全国第一、

全球前十的移动营销服务平台，推送的广告服务触及全球超过 10 亿个移动手机用户。荔支旗下产品 Tiya 在全球约 50 个国家社交排行榜最高排名前 10，美国社交榜中最高排名第 4，用户遍及全球 200 多个国家和地区。

番禺国家文化出口基地重点发展珠宝设计生产、动漫游艺、在线服务新等业态。商用游戏机设计及产品占据全球 20% 以上的市场份额。虎牙信息游戏直播平台市场占有量全国第一、全球第二，市值超 50 亿美元。YY 直播全球用户达 3.5 亿人，海外业务遍布 150 多个国家和地区。

（资料来源：黄舒旻.“广州服务”闯世界［N］.南方日报，2022.3.25）

二、数字贸易的特征

1. 贸易对象多边化

数字贸易的标的是泛化的。在数字贸易时代，第一，几乎所有可贸易商品都可以以数字贸易方式实现跨境交易；第二，数字产品及服务成为重要的消费品；第三，数字化知识、信息、数据成为重要生产因素。

电子商务以现代信息网络为载体，而数字贸易以数字化平台为载体。当前，跨境电商平台是双边平台，助力“买全球、卖全球”；未来，全球数字贸易平台是多边平台，助力“全球买、全球卖”。以天猫国际为例，据其官网数据，截至 2019 年 6 月共引进 77 个国家和地区超 4 000 个品类、超 20 000 个海外品牌进入我国市场。

2. 依托技术数字化

数字贸易所依赖的人工智能、大数据和云计算等核心技术具有典型的数字化特性。大数据技术通过数据挖掘、深度学习等多种方式为企业提供技术支持。人工智能可以在产品研发、原材料采购、生产制造、市场营销、售后服务等领域帮助企业优化资源配置。移动互联网技术为社会带来了成本更低、接入更为便利的上网方式，帮助企业实现高效率发展。

3. 贸易环节扁平化

全球数字贸易使国际贸易的很多中间环节丧失了存在的必要性，呈现高度扁平化趋势。第一，平台使生产企业能够兼顾生产和贸易。第二，外贸流程更加简化，平台服务生态更加完善。第三，传统贸易的交易过程存在代理商、批发商等诸多中间环节，大多数供需双方并不直接进行交易，而是委托给各自的代理人交易。但在数字贸易中，信息技术使得供需双方的直接交易成为可能，中间环节大幅减少。

4. 交易过程高效化

数字贸易大大降低了不同主体之间的交易成本，提高了交易效率。传统贸易的洽谈、磋商、资金支付等会消耗大量时间和精力，而数字贸易模式在很大程度上节约了谈判成本、合同成本、支付成本；传统贸易需要固定的场所、纸质单据等实体材料，而数字贸易可以全程实现电子化。可见，数字技术提升了外贸标准化程度，降低了贸易的交易复杂程度，有效优化了外贸各环节流程；参与主体之间的单次、多次交易都能在数字平台上短时、高效地完成。

5. 贸易主体多元化

在传统贸易中处于弱势地位的主体大都能通过数字贸易共享国际分工带来的福利。例如，在传统贸易中，受贸易成本、信息不对称等多种因素制约，中小企业、个体商户、普通消费者均很难参与。但在数字贸易时代，很多小企业可能变成了微型跨国公司；个体商户可以借助数字贸易平台进入国际市场；消费者个人成为贸易需求端的重要力量。

6. 消费需求个性化

传统贸易时代，企业追求提供标准化的商品及服务；但在数字贸易时代，企业能够依托全球商品供应资源，迎合、满足不同消费群体的差异化需求。这是因为，企业能够借助数字贸易平台掌握消费者的全面信息，针对消费者个性化需求，生产（提供）更多非标准化的商品及服务。一个典型的案例是，数字贸易时代，长尾产品（个性化、种类多、销量小的产品/服务）销量大幅上升。

第二节　发展数字贸易的意义与障碍

一、发展数字贸易的意义

1. 发展数字贸易有助于形成外贸代际新优势

不同代业态（产业）的代际差距不是功能上的简单拓展、产品上的微小变化、技术上的些许改进、流程上的常规性提高，而是新一代业态相对旧一代业态在多个层面发生了全面的、重大的、根本性的变化。这种代际变化可能来自应用原理的完全不同，如传统相机与数码相机，前者是依据胶片感光的化学原理，后者是依据电子光学的物理原理；采用技术的重大变化，如模拟手机与数字手机，前者依据模拟技术，后者依据数字技术等。代际竞争的结果是可想而知的。新一代业态（产业）一般具有绝对优势，旧一代业态（产业）则处于相对劣势。

数字贸易是最新世代信息技术对外贸的赋能与升级，相对于传统外贸来说，会形成巨大的代际优势。例如，数字贸易背景下的跨境电商 BtoC，包括 VR 逛店、虚拟助理、智能试装、隔空感应、语音购物、拍照搜索、无人物流、自助结算等内容。这种代差如同 5G 业态与 4G、3G 业态的区别；智能手机产业和模拟电话产业的区别。因此，我国非常有必要抢占战略制高点，凝聚外贸代际新优势。

2. 发展数字贸易符合经济社会发展战略

发展数字贸易符合我国发展数字经济、数字产业的战略。在 2016 年 G20

杭州峰会上，多国领导人共同签署了《二十国集团数字经济发展与合作倡议》。该倡议指出，数字经济是以使用数字化的知识和信息作为关键生产要素、以现代信息网络作为重要载体、以信息通信技术的有效使用作为效率提升和经济结构优化的重要推动力的一系列经济活动。2020 年 4 月，习近平总书记在中央财经委员会第七次会议上强调"加快数字经济、数字社会、数字政府建设，推动各领域数字化优化升级"。

专栏：上海推动数字贸易发展

为了进一步推动上海数字贸易的发展，上海市商委等 9 部门联合发布《上海市数字贸易发展行动方案（2019－2021 年)》，这也是全国首个数字贸易发展行动方案。该行动方案指出，数字贸易是传统国际贸易在数字经济时代的创新和拓展，是外向型数字经济的核心内容和重要载体。从"十四五"来看，数字贸易是非常重要的发展领域。

2019 年 5 月，虹桥商务区全球数字贸易港开港。《虹桥商务区全力推进全球数字贸易港建设三年行动计划（2020－2022 年)》也正式对外发布。根据三年行动计划，虹桥将打造一批估值百亿美元，具有全球影响力、资源配置力和创新驱动力的数字贸易龙头企业，集聚一批数字贸易平台，将虹桥商务区建设成为数字贸易要素流通便利、功能完善的数字贸易集聚区。

同时，上海阿里中心智慧产业园、长三角电子商务中心等 9 个园区作为全球数字贸易港的首批承载平台获得授牌。虹桥商务区将进一步培育新的平台，做出特色，发挥平台集聚和支撑效应。聚焦新经济新业态，抢占全球数字贸易制高点，率先打造全球数字贸易港。计划 3 年内培育 500 家规模以上的数字贸易重点企业。

（资料来源：吴宇. 上海出台全国首个数字贸易发展行动方案［N］. 经济参考报，2019. 8. 1)

---

3. 发展数字贸易可以提供新的经济增长点

就全国来看，新业态新模式已成为推动外贸转型升级和高质量发展的新动能。据海关总署数据，我国跨境电商和市场采购贸易占外贸的比重由2015年的不到1%增长到2021年前5个月的7.4%。海外仓总面积超过1 350万平方米，业务范围辐射全球。

国内外形势严峻复杂叠加新冠肺炎疫情，给外贸及经济增长带来了极大的压力。据国家统计局数据，2020年，我国GDP为1 015 986亿元，比2019年仅增长2.3%；2022年上半年我国GDP为562 642亿元，同比仅增长2.5%。我国迫切需要寻找新的外贸和经济增长点，寻找进一步深化对外开放的着力点和支撑点，而数字贸易具有这样的潜质。

4. 发展数字贸易有助于焕发外贸新活力

一是契合推动高质量发展的理念。数字贸易以新业态凝聚新优势，以新模式推动新增长，意味着更高效率更少成本，更高增长更多便利，与高质量发展的内涵特征是吻合的。二是有助于外贸提质增效，转型升级。数字贸易以互联网、云计算、大数据、人工智能、5G等技术为基础，推动生产流程创新、商业模式创新、组织创新，将进一步提升我国外贸运行效率。三是有助于构建对外开放新格局。数字贸易是对外贸易进入新发展阶段、贯彻新发展理念的创新实践，能够很好地激发外贸主体活力，拓展外贸发展空间，对于构建新发展格局具有重要意义。

二、当前发展数字贸易存在的障碍

1. 监管挑战

数字贸易需要新的监管体系。传统贸易主要关注货物商品的检验检疫、通关、税收等，而到了数字贸易时代，数据、数字化的产品、数字服务都可能成为交易对象，这也给治理带来了新的挑战。例如，如何明确数据的权属；如何确定数据的流通机制、补偿机制；如何加强敏感数据的保护，都存在着监管手段滞后于实际发展的问题。

2. 观念挑战

数字贸易是从产品到思维的全方位变革，不是简单地将外贸搬到网上，对企业原有经营体系挑战巨大。在不少原有模式比较成功、企业经营者相对老化的"创一代"企业中，观望情绪仍然存在。大部分企业都认可电子商务及数字贸易是企业发展的必然方向，但是对于如何开展电子商务，通过何种方式切入数字贸易，企业认识有所不足。有人认为数字贸易仅仅只是一种概念。

3. 营销能力和管理能力挑战

与传统贸易相比，数字贸易在缩短贸易交易链条的同时，进一步细化了专业分工，对企业提出了更高的精细化运营要求。例如，在亚马逊（Amazon）、易贝（Ebay）、移动电商购物 App 维西（Wish）等诸多平台上，如何提高营销效率；面对欧美、东南亚、非洲等不同市场，如何研发适合当地的产品和客服策略；销售订单、库存数据、客户信息等众多数据如何进行处理。

4. 国际壁垒挑战

2019 年，在瑞士达沃斯电子商务非正式部长级会议上，中、美、欧盟等76 个 WTO 成员签署《关于电子商务的联合声明》，确认有意在 WTO 协定基础上启动与贸易有关的电子商务议题谈判，其中涉及大量数字贸易议题。

2019 年 G20 大阪峰会期间发布的《大阪数字经济宣言》强调，各国将进一步推动数字经济发展，尤其关注数据流动和电子商务国际规则制定。

但是，全球数字贸易规则体系仍然缺乏统一性和普适性。无论是 WTO 框架下、TTIP 框架下、TPP 框架下，或者 TISA 中，有关数字贸易的相关规则均存在较多问题，难以在全球范围内适用。各国数字贸易规则壁垒重重，在数字产品贸易关税、数字贸易数据流动、个人数据隐私保护、限制外商直接投资等方面设置重重壁垒，阻碍了数字贸易的市场化进程。

5. 法律法规挑战

我国数字贸易相关法律法规体系不健全。我国 2019 年颁布的《中华人民共和国电子商务法》，就电子商务经营者的权利和义务、电子商务合同的订立与履行、电子商务争议解决、电子商务促进和法律责任等方面做出了基础性规定，但是对于具体领域数据的收集、传输、存储、整理、使用以及监管等方面，没有做出详细的规制；在通关、商检、消费者权益等方面的法律分散，没有形成统一的《数字贸易法》，个人信息和知识产权保护法律也不完善。

6. 科技支持挑战

与发达国家相比，我国在信息技术服务、云计算、社交媒体、互联网平台、电子商务应用等领域有一定的优势；但在基础的通信服务、软件服务以及核心云服务等领域，还存在一些差距。

第三节　推动数字贸易新业态发展的对策

一、各类推动数字贸易发展的促进政策

各部门、各地区都非常重视推动数字贸易发展，出台了一系列的促进政策。如表 6.2 所示。

表 6.2　　　　　　　　　我国的数字贸易促进政策

发布时间	发布部门	政策名称	重点内容
2020 年 8 月	商务部	《关于印发全面深化服务贸易创新发展试点总体方案的通知》	全面探索创新发展模式，大力发展数字贸易，完善数字贸易政策，优化数字贸易包容审慎监管，探索数字贸易管理和促进制度；探索构建数字贸易国内国际双循环相互促进的新发展格局，积极组建国家数字贸易专家工作组机制，为试点地区创新发展提供咨询指导

续表

发布时间	发布部门	政策名称	重点内容
2021 年 10 月	商务部等 24 部门	《"十四五"服务贸易发展规划》	首次将"数字贸易"列入服务贸易发展规划，指出完善数字贸易促进政策，加强制度供给和法律保障；积极支持数字产品贸易，为数字产品走出去营造良好环境；持续优化数字服务贸易，稳步推进数字技术贸易，提升云计算服务、通信技术服务等数字技术贸易业态关键核心技术的自主权和创新能力；积极探索数据贸易，建立数据资源产权、交易流通等基础制度和标准规范；提升数字贸易公共服务能力；建立数字贸易统计监测体系；加强国家数字服务出口基地建设；布局数字贸易示范区；加强数字领域多双边合作
2022 年 3 月	商务部	《关于用好服务贸易创新发展引导基金支持贸易新业态新模式发展的通知》	支持培育数字贸易企业和项目，孵化国际化数字贸易提供商；引导符合条件的代表性领域老字号企业创新开展服务贸易，推动老字号优质服务"走出去"
2019 年 8 月	上海市商务委员会等 9 部门	《关于印发上海市数字贸易发展行动方案（2019－2021年）的通知》	重点发展基础设施即服务（IaaS）、平台即服务（PaaS）以及软件即服务（SaaS）等模式；推动数字服务赋能垂直行业，积极运用大数据、物联网、机器人、自动化、人工智能等先进技术，推动数字技术在运输、旅游、专业服务、文化创意、医疗、金融、制造业、建筑业、农业等行业的应用，加快提升服务外包和技术贸易数字化业务占比；推动数字服务赋能商业流程，发展数字赋能流程外包等创新业务等
2022 年 9 月	江苏省人民政府	《关于印发江苏省推进数字贸易加快发展若干措施的通知》	要深化融合，完善数字贸易多元化产业链条；分类培育，壮大数字贸易多层次市场主体；统筹布局，打造数字贸易多要素促进平台；开放共赢，拓展数字贸易多渠道国际合作；对标国际，探索建立数字贸易多领域规则标准；优化环境，加强数字贸易多维度监管治理

二、推动数字贸易新业态发展的对策

1. 探索完善监管模式

（1）完善监管方式。抓紧补上严重缺乏的制度短板，包括个人数据隐私保护、数据分级分类管理、数据跨境流动管理、数字市场准入、数据确权与交易流转、重要数据信息出口管制等制度。强化数字贸易平台主体责任，在多维度监测的同时，建立产品质量溯源机制，将监管部门的监测报告、监管要求、企业注册备案等内容加入溯源信息中。推动商务、海关、税务、市场监管、邮政等部门间数据对接，在优化服务的同时，加强对逃税、假冒伪劣、虚假交易等方面的监管。

（2）完善法律法规。探索率先建立数字领域法律法规，完善数据开放共享、数据交易、知识产权保护、隐私保护、安全保障等法律法规。加快发布、实施《信息技术数据交易服务平台通用功能要求》《信息安全技术数据交易服务安全要求》等国家标准。加快《个人信息保护法》《数据安全法》《互联网信息服务办法》《电子商务法》等法律法规的修订及完善。

2. 夯实数字产业基础

（1）加速数字技术与制造业融合。制定数字化转型路线图，引导直接数字企业与间接数字企业之间打通消费与生产、供应与制造、产品与服务间的数据流和业务流。以汽车制造、高端装备、家居、生物医药等行业转型为重点，大力发展芯片设计、封装、高端工业软件等业态，推进智能制造升级。促进制造业与人工智能、虚拟现实、信息材料、生物传感等数字技术加速融合。培育推广个性化定制、网络协同制造、远程运维服务、众创众包等智能制造新模式，推动"工业互联网＋供应链"创新发展。

（2）支持数字化服务发展。支持信息技术研发和应用、业务运营服务、设计服务及医药研发、检验检测、节能环保等领域的数字服务发展，加快发展众包、云外包、平台分包等新模式和服务型制造等新业态。加速文化旅游、交通出行、商业零售、医疗卫生等场景与区块链等数字技术融合应用。推动交通出行、酒店餐饮娱乐、养老、托育、家政、旅游票务等领域与"互联网＋"和平台经济融合发展。

3. 推动数据市场化进程

（1）加速数据要素价值化进程。将数据视为生产要素，这一价值判断具有划时代意义。推进数据采集、标注、传输、存储、管理、应用等全生命周期的价值管理，打破数据壁垒，探索建立统一规范的数据管理制度。开展对数据确权、个人数据保护等相关法律法规的探索。加快推进数字经济领域立法工作，建立数据资源全链条制度体系。

（2）建立数据要素高效流通体系。鼓励优势企业、科研机构、产业联盟、行业协会等多方力量，组建数字贸易科技咨询与评估中心、技术交易市场、科技孵化器、创业服务中心等专业服务平台，形成结构合理、特色突出、功能完备的流通体系。

（3）推动数据资源开发利用。制定数据共享责任清单，加速推进数字市场化开发利用；开发自然人、法人、自然资源与空间地理、社会信用和电子证照等基础数据库。东部地区城市经济规模大、行业分类广、经济主体多，优先推进数据开放共享。

4. 扩大数字基础设施投资

（1）建设最新世代网络。加快推进 5G 部署全覆盖和独立组网，加快互联网协议第六版（IPv6）、窄带物联网络（NB-IoT）规模化部署，提升城市基础设施网络化、智能化水平，建设高速万物智联网络。前瞻布局量子通信网、卫星互联网、6G 等未来网络。加快工业互联网、车联网等行业应用型数字基础设施建设，推动形成行业公共服务平台。

（2）布局先进数字基础设施。开展传统数据中心整合改造提升工程，探索构建基于超导计算、量子计算、类脑计算、生物计算、光计算等新型计算体系的算力基础设施。积极布局建设智能计算中心等新型高性能计算平台，布局建设低时延类小型或边缘数据中心。

（3）构建优质仓储体系。及时披露相关海外物流信息和仓储资源信息，构建起高效、低成本和抗风险的优质仓储管理体系；探索建设全球中心仓，强化商品全球调配，推进"外仓内移"，降低国际贸易形势变化带来的风险；探索利用海外仓数字化物流跟踪技术支撑跨境电子商务实现即时退税、线上收汇、分散退货等，探索开展滞销产品处理、货物退运、售后维修等服务。

5. 加强财政金融扶助

（1）落实财税政策。积极探索实施促进数字贸易发展的税收征管和服务措施，优化相关税收环境。对经认定为高新技术企业的数字贸易企业，可按规定享受高新技术企业所得税优惠政策。引导企业用好跨境电商零售出口增值税、消费税免税政策和所得税核定征收办法。充分发挥外经贸发展专项资金、服务贸易创新发展引导基金的作用。

（2）建立金融服务体系。建设科技型外贸企业投资、孵化平台，开发多种适合发展需求的金融产品，帮助解决中小数字贸易企业融资难问题。支持符合条件的银行开展服务模式创新，面向数字经济企业推出知识产权质押等多种专属信贷产品。充分发挥科技型中小企业信贷风险补偿、普惠贷款风险补偿等中小微企业融资风险补偿机制的作用，加大对初创期数字贸易企业的信贷支持力度。

（3）吸引风险投资。由于新世代技术开发投入大、风险大、耗时长，没有勇于冒险的风险资本家，新世代企业就难以起步。安德·森霍洛维茨（Andreessen Horowitz）风投公司，曾对斯盖普（Skype）、推特（Twitter）、欧克雷斯（OculusVR）等果断风投，而当时，这些公司还只不过是毫不起眼的、充满不确定性的小公司。支持各类风投创投机构设立数字贸易领域投资基金，投向初创期数字贸易企业。支持社会风投机构与政府性引导基金开展合作，引导社会资本加大投入数字贸易领域。

6. 推动基础和前沿数字技术研究

加快新一代信息技术、人工智能交叉融合。支持"卡脖子"核心技术攻关和研发创新，加快推动5G芯片产业的价值链创新发展。加速 VR/AR（虚拟现实/增强现实）、游戏交互引擎、数字特效、全息成像、裸眼 3D 等关键核心应用技术的集中攻关，持续催生一批数字创意新技术。探索新型显示在车载、医用、工控、穿戴、拼接、透明、镜面等新领域的应用。利用互联网、物联网、区块链、云计算、大数据等技术加强大数据的采集、存储、流通与挖掘，建立大数据中心，支持人工智能、量子计算在大数据分析中的创新应用。提前布局激光显示、3D 显示、微型发光二极管（Micro LED）等新型显示技术。

本章案例

在线游戏直播公司——虎牙

虎牙公司是一家致力于打造全球领先直播平台的技术驱动型内容公司，旗下产品包括知名游戏直播平台虎牙直播、专注海外市场的游戏直播平台尼莫视讯（Nimo TV）等，产品覆盖移动、PC、Web 三端。

2016 年 8 月，广州虎牙信息科技有限公司成立；2018 年 5 月，虎牙在美国纽交所上市，股票代码为"HUYA"，成为中国第一家上市的游戏直播公司。2020 年 4 月，腾讯成为虎牙控股股东。

虎牙直播覆盖超过 3 300 款游戏，包括英雄联盟、王者荣耀、球球大作战、守望先锋、炉石传说、绝地求生、和平精英、全民突击等，并已逐步涵盖娱乐、综艺、教育、户外、体育等多元化的直播领域。

虎牙直播旗下汇聚众多世界冠军级签约战队与主播。英雄联盟版块签约了世界冠军战队 EDG、FPX 和 RNG 等，主播方面拥有现职业选手 TheShy、姿态、letme 等；王者荣耀版块签约了 KPL 五冠王狼队，以及 WB、DRG.GK等 4 支职业战队，拥有孤影等重量级主播；绝地求生版块签约了 4AM 和IFTY 等战队，拥有韦神和托马斯等知名主播；和平精英版块，签约了冠军战队 NV、4AM、TC 和 STE 等战队，同时拥有晚玉等明星主播。

在电竞赛事方面，虎牙是国内目前唯一一个集齐英雄联盟五大赛区直播权的直播平台。其中包括英雄联盟职业联赛（LPL）、韩国冠军联赛（LCK）、北美冠军联赛（LCS）、欧洲冠军联赛（LEC）、太平洋冠军联赛（PCS）的独家直播权。王者荣耀方面，虎牙拥有王者荣耀官方系列赛事直播权，包含王者荣耀职业联赛（KPL）、冬季冠军杯、世界冠军杯（KCC）、王者荣耀次级联赛（KGL）。

2022 年第一季度，虎牙直播移动端单月活跃用户量（MAU）达 8 190 万人。第二季度虎牙总营收 22.75 亿元，其中直播营收为 20.519 亿元，直播收入占比超过九成。

（资料来源：虎牙集团. 关于虎牙［EB/OL］. https：//hd. huya. com/web/about/index. html#about）

课后习题

一、名词解释

数字贸易

二、简答题

1. 数字方式贸易有哪些形式？

2. 发展数字贸易的意义是什么？

3. 当前发展数字贸易存在哪些困难？

4. 推动数字贸易新业态发展应采取哪些对策？

三、案例分析题

阅读本章专栏，回答以下问题：

广州数字服务贸易发展态势较好的原因是什么？

参考文献

［1］戴慧. 跨境数字贸易的发展与国际治理［J］. 中国发展观察，2021（5）.

［2］顾春娟. 上海新政力促数字贸易发展［N］. 国际商报，2019.8.28.

［3］黄舒旻. 广州探索构建数字经济新生态［N］. 南方日报，2021.7.6.

［4］江小涓，靳景. 中国数字经济发展的回顾与展望［J］. 中共中央党校（国家行政学院）学报，2021（12）.

［5］蓝庆新，窦凯. 美欧日数字贸易的内涵演变、发展趋势及中国策略［J］. 国际

贸易, 2019 (7).

[6] 李忠民, 周维颖, 田仲他. 数字贸易: 发展态势、影响及对策 [J]. 国际经济评论, 2014 (11).

[7] 李为, 田伟东. 大力发展数字贸易拓展福建外贸新动能新空间研究 [J]. 发展研究, 2020 (10).

[8] 刘洪愧. 数字贸易发展的经济效应与推进方略 [J]. 改革, 2020 (3).

[9] 贾怀勤. 数字贸易的双核架构和一体两翼 [J]. 国际经济合作, 2020 (11).

[10] 戈晶晶. 数字贸易成为双循环战略"加速器" [J]. 中国信息, 2021 (8).

[11] 马述忠, 房超, 梁银锋. 数字贸易及其时代价值与研究展望 [J]. 国际贸易问题, 2018 (10).

[12] 马述忠, 潘钢健. 从跨境电子商务到全球数字贸易 [J]. 湖北大学学报 (哲学社会科学版), 2020 (9).

[13] 孟欣宇. 数字贸易壁垒对国家创新能力的影响研究 [D]. 武汉: 中南财经政法大学硕士论文, 2020.5.

[14] 濮方清, 马述忠. 数字贸易中的消费者: 角色、行为与权益 [J]. 上海商学院学报, 2021 (12).

[15] 夏杰长. 数字贸易的缘起、国际经验与发展策略 [J]. 北京工商大学学报 (社会科学版), 2018 (9).

[16] 王爱华, 王艳真. 中日跨境数字贸易规模测度分析 [J]. 现代日本经济, 2021 (1).

[17] 王岚. 数字贸易壁垒的内涵、测度与国际治理 [J]. 国际经贸探索, 2021 (11).

[18] 王盛晓, 李燕婷, 焦晓松. 中国数字服务贸易的国际对比: 基本格局及对策建议 [J]. 商业经济, 2021 (12).

[19] 杨涵钦. 中国数字贸易国际竞争力及影响因素研究 [D]. 苏州: 苏州大学硕士论文, 2020.6.

| 第七章 |

融资租赁

第一节 融资租赁的定义与特征

一、融资租赁的定义

融资租赁又称现代租赁，是指出租人根据承租人对租赁物件的要求，向供货人购买租赁物件，再租赁给承租人的一种租赁方式。在融资租赁中，租赁期内出租人拥有被租赁物件的所有权，使用权则属于承租人。

根据相关法律规定，我国目前共有三类融资租赁公司，包括银保监会批准设立的金融类租赁公司、商务主管部门批准设立的非金融类外资租赁公司以及商务部和税务总局联合核准的内资融资租赁公司。融资租赁公司的业务范围如表 7.1 所示。

表7.1	融资租赁公司的业务范围
公司类别	业务范围
金融租赁公司	（1）融资租赁业务 （2）接收股东1年期及以上定期存款（银行股东的存款除外） （3）接纳承租人的租赁保证金 （4）转让应收租赁款给商业银行

公司类别	业务范围
金融租赁公司	（5）经批准后发行金融债券 （6）同业拆借业务 （7）从金融机构借款 （8）境外借款 （9）租赁物品残值变卖、处理业务 （10）经济咨询等
内资融资租赁公司	（1）接收存款 （2）提供租赁项下的流动资金贷款或其他贷款给承租人 （3）同业拆借业务 （4）有价证券投资、金融机构股权投资等
外资融资租赁公司	（1）融资租赁业务 （2）购买国内外租赁财产 （3）租赁财产的残值处理和维修 （4）租赁交易咨询及担保等

二、融资租赁的特点

融资租赁的主要特征如下。

1. 由承租人选择租赁物

承租人因扩大业务规模等原因需要使用某种设备，但因资金不足无法购买，便转向融资租赁公司寻求帮助。通过融资租赁公司购买所需设备，再把该设备租赁给承租人。出租方根据承租人的意见购买设备，即租赁物的选择权在承租人手中。

2. 承租人享有使用权，出租人享有所有权

在租赁期间，承租人享有融资租赁标的物的使用权与收益权，同时不仅需要承担使用设备期间的各种风险，还需要负责租赁物的管理、维修和保养工作；出租人则享有租赁标的物的所有权。万一承租人毁约，出租人仍可通过变现租赁设备以减少损失。

3. 持续时间长

融资租赁活动一般租赁期较长，大部分与融资租赁标的物的使用寿命相同，小部分甚至超过了租赁标的物的使用年限。

4. 标的物价值高

由于大部分融资租赁设备价格昂贵，承租人只能向银行等金融机构贷款以购买设备。融资租赁公司的出现使得承租人可以找他们帮忙购买设备，降低承租人的采购成本和风险。

5. 融资租赁合同一般不允许毁约

由于出租方需要投入大量资金以购买价格昂贵的租赁标的物，部分融资租赁公司甚至需要去银行贷款，偿还银行贷款利息，承担利率、汇率风险等。另外，出租方根据承租人的意见购买租赁物，因而该设备一般只与该承租人的需求匹配吻合。如果承租人中途毁约，出租人可能会面临破产倒闭。因此，融资租赁合同一旦签订，中途不允许毁约。

6. 融资租赁业务流程烦琐，至少要签订两份协议

融资租赁至少需要签订两份协议：一份是由出租人和供应商签订的购买合同；另一份是由出租人与承租人签订的租赁合同。每份合同都存在一定的违约风险。

三、融资租赁与传统租赁的区别

融资租赁与传统租赁的区别主要有以下方面。

1. 租赁人的权利、义务不同

融资租赁中的资产收益权、维修义务转移给了承租人；在一般租赁中，租赁物的维修义务由出租人承担。

2. 租赁人的目的不同

融资租赁承租人的主要目的为融资；一般租赁承租人的主要目的则是满足生产、经营上短期或临时的需要。

3. 租赁期限不同

融资租赁的租赁期较长，几乎等同于资产的有效使用期；一般租赁的租赁期较短，短于资产有效的使用期。

4. 租赁期满后，租赁标的物处置方法不同

融资租赁中，一般不反复出租租赁物，在融资租赁期满后，承租人可以退还、续租或者以设备残值的市场售价留购；一般租赁中，承租标的物由租赁公司收回，并可反复出租。

四、融资租赁方式

融资租赁主要包括以下方式。

1. 直接租赁

直接租赁是融资租赁最简单、普遍、主要的方式，即租赁公司通过筹集资金，直接购入承租人指明的租赁标的物，并租赁给承租人使用的一种方式。租赁期限一般与租赁设备的使用年限等同，在融资租赁期内，承租人缴纳租金，以及使用期间产生的维护费、保险费和税金；出租人逐渐收回购买昂贵设备所用的资金，并赚取一定的利润。租赁期满后，承租人选择是否留购。直接租赁手续较为简便，由出租人、承租人、供货人三方参与，至少包含融资租赁合同、购买合同两份合同，且合同具有不可解约性。

2. 转租赁

在转租赁中，出租人可以多次出租融资租赁标的物，即第二出租人从一

家融资租赁公司租进，再转租给承租人使用，并收取更高的租金。第二出租人只需发挥融资租赁经纪人的作用，无须动用自己的资金，即可获得差额收益。融资租赁一定程度上能够解决承租企业因信誉度较低而难以获得融资的问题，降低融资租赁业务失败的风险。

3. 售后回租

售后回租，一般简称为回租，即承租人将自己的资产出售给出租人，以租赁的形式支付租金以获得已出售的租赁标的物使用权。通过回租，承租人可以以较低的租金获得使用设备的权利，盘活存量资产，缓解财务压力。其优势是，承租人可以在不影响原有生产设备使用的情况下，把物化资本转化为货币资本。

4. 衡平租赁

衡平租赁较普通租赁更为复杂，即出租人购买融资租赁标的物时，需向供货商交付 20% ~ 40% 的货款，再抵押该设备，将向金融机构申请的抵押贷款用来填补剩余的货款。衡平租赁会导致出租人的资产折旧加速。

5. 百分比式租赁

区别于传统租赁，百分比式租赁是指承租人缴纳一定比例的基础租金后，其余租金按其营业收入的一定比例向出租人支付，而不是按期缴纳定额租金。

第二节　融资租赁的发展历程

一、融资租赁的发展历程

1. 融资租赁的起源

现代融资租赁是第二次世界大战后全球金融创新的产物。第二次世界大战以后，美国工业化产能过剩，生产厂商便开始提供金融服务，以分期付款、赊销、寄售等方式推销过剩的设备。资本家发现，当所有权和使用权同时转移时，资金回收的风险较大。于是融资租赁的做法出现，出租人保留标的物的所有权，承租人享有使用权。融资租赁能提高企业资金流动性、优化资产结构、促进产品销售，使业务规模不断扩大。

2. 我国融资租赁发展史

中国融资租赁始于 20 世纪 80 年代的改革开放时期。发展融资租赁可以缓解当时存在的资金不足、外汇短缺等问题，还可以引进国外先进的生产设备和先进技术。

（1）行业初创，粗放成长。1981 年中国东方国际租赁公司和中国租赁有限公司成立，标志着我国现代租赁体制的建立。1982～1988 年，一大批内资租赁公司在中国相继成立，主营业务以信托投资业务为主。中国人民银行于 1986 年发布《金融信托投资机构管理暂行规定》，首次界定融资租赁业务为金融业务。初创阶段的业务以直接融资租赁为主，与银行信贷融资类似。

（2）艰难转型，行业重建。我国在 1989 年下半年后开始实施治理整顿，规定"国家机关不得担任担保人、银行不得参股融资租赁公司"等要求。政府部门的退出、商业银行的离场，外加租赁行业内部治理结构不完善等问题，使整个行业都陷入了困境。

2000 年左右，我国将融资租赁业列入了国家重点鼓励发展产业，出台了一系列支持和规范发展的政策。中国人民银行颁布实施了首部关于融资租赁监管的法规《金融租赁公司管理办法》，规范了融资租赁行业的发展。

（3）恢复活力，高速发展。随着我国经济的迅速发展，实体经济释放了对租赁业的巨大需求。2004 年 12 月，商务部准许外商独资在国内成立融资租赁公司。与此同时，内资融资租赁业务开始试点工作。2007 年银监会重新修订《金融租赁公司管理办法》，批准商业银行参与融资租赁公司的经营活动。一批金融租赁公司如国银租赁、工银租赁依靠商业银行的资金实力和客户渠道迅速发展起来。融资租赁的交易额、公司数量、资产规模都实现了爆发式增长，融资租赁行业日益成熟。

二、我国对融资租赁的促进政策

1. 国家层面出台的融资租赁促进政策

国家层面，国务院及各部委出台了多项对融资租赁的促进政策，如表7.2所示。

表7.2　　　　　　　2006～2022年国家出台对融资租赁的促进政策

发布时间	发布部门	政策名称	重点内容
2006年4月	商务部等2部门	《关于加强内资融资租赁试点监管工作的通知》	建立健全监管机制；加强变更事项管理。对融资租赁业务在会计年度内未有实质性进展，以及发生违规行为的试点企业，各地商务、税务主管部门应及时将有关情况上报。商务部、国家税务总局将据此研究决定是否取消其试点资格，并适时调整试点企业名单
2014年12月	商务部等2部门	《关于从事内资融资租赁试点监管工作的通知》	允许进行内资融资租赁试点
2015年3月	银监会	《中国银监会非银行金融机构行政许可事项实施办法》	规定了非银行金融机构包括金融租赁公司，金融租赁公司法人机构设立的条件、子公司设立的条件、子公司变更等
2015年9月	国务院	《关于促进融资租赁业健康发展的指导意见》	加快金融租赁行业发展，发挥其对促进国民经济转型升级的重要作用、突出金融租赁特色，增强公司核心竞争力
2018年5月	商务部	《关于融资租赁公司、商业保理公司和典当行管理职责调整有关事宜的通知》	2018年将融资租赁、商业保理和典当行三类公司的业务经营与监管职责划给银保监会
2018年11月	银保监会	《中国银行保险监督管理委员会职能配置、内设机构和人员编制规定》	银保监会负责制定小额贷款公司、融资性担保公司、典当行、融资租赁公司、商业保理公司、地方资产管理公司等其他类型机构的经营规则和监管规则

发布时间	发布部门	政策名称	重点内容
2020 年 6 月	银保监会	《金融租赁公司监管评级办法（试行）》	金融租赁公司的监管评级级别和档次分为 1 级、2 级（A、B）、3 级（A、B）、4 级和 5 级共 5 个级别 7 个档次，级数越大表明评级越差，越需要监管关注
2020 年 12 月	最高人民法院	《关于审理融资租赁合同纠纷案件适用法律问题的解释》修订版	根据民法典，对于融资租赁合同纠纷案件适用的法律解释进行了修订，主要修订内容包括融资租赁合同的认定、合同履行、租赁物的公示等内容
2021 年 4 月	中国人民银行等 2 部门	《关于金融支持海南全面深化改革开放的意见》	支持海南加快发展航运金融、船舶融资租赁等现代服务业
2021 年 9 月	国务院	《横琴粤澳深度合作区建设总体方案》	支持澳门在合作区创新发展财富管理、债券市场、融资租赁等现代金融业
2021 年 9 月	国务院	《关于推进自由贸易试验区贸易投资便利化改革创新若干措施》	在全口径跨境融资宏观审慎框架下，允许注册在自贸试验区符合条件的融资租赁公司与其下设的特殊目的公司（SPV）共享外债额度
2022 年 1 月	银保监会	《关于印发金融租赁公司项目公司管理办法的通知》	明确融资租赁项目公司的设立、经营管理、监管等内容

2. 省级层面的政策汇总

多个省份包括江苏、广东、上海、北京等，也发布了一系列融资租赁的相关促进政策。例如，在"十四五"规划中，许多省份都有促进融资租赁发展的内容，如表 7.3 所示。

表 7.3　　　　　　　我国部分省份对融资租赁的促进政策

省份	发布时间	政策名称	重点内容
江苏	2021 年 9 月	《江苏省"十四五"金融发展规划》	鼓励金融企业开展预期收益质押、科技融资租赁等融资业务；支持发起设立面向小微企业和"三农"的金融租赁公司。督促引导融资担保公司、小额贷款公司、典当行、融资租赁公司、商业保理公司等地方金融组织坚持普惠金融服务理念，为小微企业、"三农"生产经营活动提供可获得、可负担的融资支持等

续表

省份	发布时间	政策名称	重点内容
广东	2021年8月	《广东省金融改革发展"十四五"规划》	加快发展高端核心装备进口、清洁能源、社会民生等领域的融资租赁业务，发展面向小微企业、"三农"和支持国际产能合作的特色融资租赁公司；支持融资租赁等地方金融机构（组织）自主发行公司信用类债券、资产证券化产品及资产支持票据
北京	2021年4月	《金融支持北京市制造业转型升级的指导意见》	鼓励融资租赁业务发展。支持大型制造业企业、金融机构联合设立金融（融资）租赁公司。充分发挥融资租赁业务支持企业融资与融物的双重功能，支持制造业企业实施设备更新改造和智能升级。积极发挥融资租赁"以租代售"功能，支持制造业企业扩大销售和出口。允许北京自贸区内注册的融资租赁母公司和子公司共享企业外债额度
上海	2021年8月	《上海国际金融中心建设"十四五"规划》	支持小额贷款、融资担保、融资租赁、商业保理、典当、地方资产管理等地方金融组织发挥自身特色，更好服务中小微企业发展；鼓励金融机构通过银行信贷、信托产品和融资租赁等方式，多渠道、多元化加大对养老、健康产业融资支持力度等
天津	2021年9月	《天津市金融业发展"十四五"规划》	进一步提升融资租赁、商业保理、基金在天津的产业聚集发展势能，巩固行业优势地位；突破融资租赁等优势金融业态发展瓶颈，提升融资租赁服务产业功能等

第三节　我国融资租赁的发展现状

一、全国融资租赁发展总体情况

1. 融资租赁业发展迅猛，近年增速有所下滑

2012～2019年，我国融资租赁业务总量迅速增长。2014年后，由于融资租赁业务总量基数较大和行业监管趋严，其增长速度有所变缓。如表7.4数据所示，截至2021年12月，全国融资租赁合同余额约达62 100亿元人民币，同比减少约2 940亿元，下降4.5%。其中金融租赁约为25 090亿元，同比增加60亿元，增长0.02%，业务总量占全国的40.4%，同比上升0.6

个百分点；内资租赁约 20 710 亿元，与上年底持平，业务总量占全国的 33.4%，同比提升 0.6 个百分点；外资租赁约 16 300 亿元，同比减少 3 000 亿元，下降 15.5%，业务总量占全国的 26.2%，同比下降 1.2%。①

表 7.4　　　　2008~2021 年中国融资租赁公司数量和合同余额

年份	融资租赁公司合同余额（亿元）	融资租赁公司数量（家）
2008	1 550	142
2009	3 700	170
2010	7 000	233
2011	9 300	369
2012	15 500	643
2013	21 000	1 086
2014	32 000	2 045
2015	44 400	4 058
2016	53 300	7 120
2017	60 600	9 676
2018	66 500	11 777
2019	66 540	12 130
2020	65 040	12 156
2021	62 100	11 917

资料来源：曹伍斌. 2021 年中国融资租赁行业发展格局及发展趋势［EB/OL］. https://www.chyxx.com/industry/1117719.html.

2. 融资租赁公司数量连续增长后保持相对稳定

据表 7.4 数据，2008~2020 年，我国融资租赁机构数量呈现逐年增长趋势，近年由于行业监管趋严，增速有所下降。截至 2020 年，中国融资租赁企业总数 12 156 家，同比增加 26 家，增长 0.21%。截至 2022 年 6 月末，全国融资租赁企业总数约为 11 603 家。其中金融租赁为 72 家，保持不变；内资租赁为 431 家，同比增加 3 家；外资租赁为 11 100 家，同比减少 317 家。

---

① 陈鹏. 后疫情时期融资租赁企业的发展［J］. 服务外包，2022（7）.

3. 我国融资租赁企业地域分布

我国融资租赁企业地域分布不均，如表7.5所示，大部分企业分布于我国东部地区，约占全国93%以上。截至2022年3月，广东、上海、天津三地区融资租赁企业数分别达到4 218家、2 202家、2 067家，共占全国72.74%。

表7.5　　　　　　　2022年3月末融资租赁企业地区分布

地区	总数（家）	金融租赁（家）	内资租赁（家）	外资租赁（家）	占全国比重（%）
广东	4 218	6	30	4 182	36.15
上海	2 202	10	29	2 163	18.87
天津	2 067	12	137	1 918	17.72
山东	517	3	19	495	4.43
辽宁	491	1	32	458	4.20
福建	461	2	10	449	3.95
浙江	461	4	29	428	3.95
江苏	287	5	23	259	2.46
北京	251	3	27	221	2.15
陕西	212	0	31	181	1.82
重庆	79	4	5	70	0.68
湖北	78	3	14	61	0.67
四川	60	1	9	50	0.48
安徽	59	2	9	48	0.49
新疆	36	1	5	30	0.31
河南	31	2	2	27	0.20
河北	23	2	5	16	0.20
江西	23	1	3	19	0.20
云南	21	1	1	19	0.19
湖南	10	0	0	10	0.09
广西	11	1	0	10	0.10
黑龙江	10	1	1	8	0.09
内蒙古	9	1	1	7	0.07
贵州	8	1	1	6	0.07
青海	7	0	1	6	0.07

地区	总数（家）	金融租赁（家）	内资租赁（家）	外资租赁（家）	占全国比重（%）
海南	7	0	2	5	0.06
西藏	5	1	0	4	0.04
山西	5	1	0	4	0.04
宁夏	5	0	1	4	0.04
甘肃	5	2	0	3	0.04
吉林	4	1	1	2	0.03

资料来源：王力等．中国融资租赁业发展报告［M］．社科文献出版社，2022：8－15．

4. 融资租赁企业注册资金总量快速上升，现阶段保持相对稳定

如表 7.6 所示，融资租赁公司数量高速增长的同时，租赁企业的注册资金总量也迅速增长；不过近年来增速有所下降。截至 2022 年 3 月，行业注册资金约为 32 089 亿元，同比减少约 600 亿元，下降 1.84%。其中，金融租赁和内资租赁分别为 2 554 亿元和 2 231 亿元，较上年底持平；外资租赁约为 27 304 亿元，同比下降 2.15%。

表 7.6　　　　　　　　　**2008～2021 年租赁企业注册资金**　　　　　　单位：亿元

年份	租赁企业注册资金
2006	571
2007	1 003
2008	1 187
2009	1 308
2010	1 617
2011	1 955
2012	2 576
2013	3 060
2014	6 611
2015	15 165
2016	25 569
2017	32 331
2018	32 763

续表

年份	租赁企业注册资金
2019	32 762
2020	33 154
2021	32 689

资料来源：王力等. 中国融资租赁业发展报告［M］. 社科文献出版社，2020：8 – 15.

5. 行业正处于新的调整关键期

2018～2021 年，融资租赁行业迎来拐点，公司数量以及交易规模增速均出现下滑，部分租赁公司主动或被动采取了缩减规模、调整结构的措施。

2022 年以来，国家不断出台政策规范支持融资租赁行业的发展，融资租赁行业迎来统一监管、统一登记、加速出清的转型优化关键期。

二、天津融资租赁发展概况

1. 天津市融资租赁发展史

天津市融资租赁业是我国改革开放的产物。为了加强国际经济技术合作，拓宽利用外资的新渠道，引入国外先进技术和设备，2006 年天津将融资租赁产业纳入了发展规划。2006～2010 年，天津租赁业的业务总量迅速增长。自 2009 年之后，天津东疆保税港区、天津经济技术开发区、天津空港经济区成为天津三大租赁企业聚集区域。2015 年以后，天津融资租赁行业业务规模一直占全国约 1/3。

截至 2021 年 6 月，天津自贸试验区内各类租赁企业共 4 040 家（含周边企业），注册资本为 6 924.29 亿元，租赁资产总规模超过万亿元，尤其是飞机、船舶、海工跨境租赁业务全国占比约为 80%。收取外币租金规模在46 亿美元以上。

2. 天津融资租赁业务额及企业数量

如表 7.7 所示，天津融资租赁合同余额及企业数量不断增长。截至

2021 年 12 月，全市融资租赁合同余额约为 21 420 亿元人民币，同比减少约 130 亿元，下降 0.6%。其中金融租赁约 9 330 亿元人民币，同比增加约 60 亿元，增长 0.65%；内资租赁约 6 390 亿元人民币，同比增加 10 亿元，增长 0.16%；外资租赁约 5 700 亿元人民币，同比减少 200 亿元，下降 3.39%。

表 7.7   **2010～2021 年天津融资租赁合同余额和公司数量**

年份	天津融资租赁合同余额（亿元）	公司数量（家）
2010	1 700	22
2011	2 300	53
2012	3 700	116
2013	5 750	206
2014	10 000	335
2015	14 100	697
2016	19 100	1 185
2017	6 729	1 574
2018	22 020	1 922
2019	22 060	2 052
2020	21 550	2 066
2021	21 420	2 077

资料来源：王晓明. 天津金融业"非凡十年"成绩单［J］. 中国金融家，2022（10）.

截至 2021 年，天津市融资租赁企业数达 2 077 家，同比增加 11 家。其中金融租赁企业 12 家，内资租赁企业 137 家，外资租赁企业 1 928 家。

3. 天津融资租赁业的政策创新、模式创新

天津在融资租赁领域进行了大量的政策制度和模式创新，包括离岸融资租赁对外债权登记、海关保税租赁监管政策、融资租赁收取外币租金、飞机离岸租赁对外债权登记业务、共享外债额度便利化、进口租赁飞机跨关区监管、企业设立登记备案限时办结、经营性租赁飞机退租、出台全国首个自贸试验区保税租赁业务管理办法以及首个商业保理行业监督办法、建成全国首个飞机租赁区。

三、上海融资租赁发展概况

自 1985 年第一家融资租赁公司成立起，上海融资租赁市场已经经历了 30 多年的发展历程。2013 年上海自贸区的成立标志着融资租赁发展新高潮的到来。2013 年，中国太平洋保险集团联合中石化成立金融租赁公司，中国交通银行筹资建设航空航运领域金融租赁公司，中国工商银行联合马来西亚亚洲航空签署飞机融资合作文件，招商银行申办金融租赁有限公司。

2013～2021 年，上海融资租赁企业数量高速增长，如图 7.1 所示。据上海融资租赁行业协会发布的《上海融资租赁行业报告（2022）》，截至 2022 年 3 月，注册地为上海的融资租赁企业共计 2 202 家，约占全国融资租赁企业总数的 18.87%。其中，金融租赁企业 10 家，内资租赁企业 29 家，外资租赁企业 2 163 家。

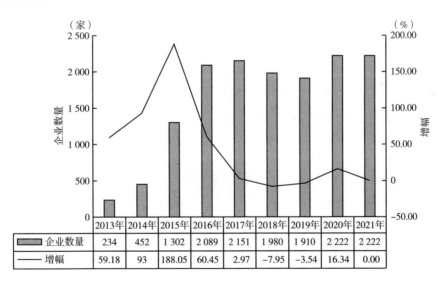

	2013年	2014年	2015年	2016年	2017年	2018年	2019年	2020年	2021年
企业数量	234	452	1 302	2 089	2 151	1 980	1 910	2 222	2 222
增幅	59.18	93	188.05	60.45	2.97	-7.95	-3.54	16.34	0.00

图 7.1　2013－2021 年上海融资租赁企业数量及增幅

资料来源：宋薇萍，严曦梦，陈梦娜．融资租赁"上海高地"崛起［N］．上海证券报，2023（3）．

如图 7.2 所示，从 2021 年我国融资租赁企业数量排名前十的省份看，上海位列第二。

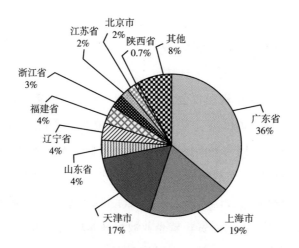

图7.2　2021年我国融资租赁企业数量排名前十的省份

资料来源：王力等．中国融资租赁业发展报告［M］．社科文献出版社，2020：8－15．

　　针对融资租赁，上海自贸区提出了以下优惠政策：一是放宽注册资本最低限额，针对融资租赁公司在试验区内设立的单机、单船子公司不设置最低注册资本；二是拓展业务范围，允许融资租赁公司兼营与主营业务有关的商业保理业务；三是调整审批权限，外资企业在上海自贸区设立3亿美元以下租赁公司由上海市商委审批；四是变通注册地址，除酒类和食品流通许可需要实地注册外，其他行业可虚拟注册。

本章案例

深圳的融资租赁

　　目前，融资租赁企业聚集深圳前海，深圳已然成为全国融资租赁产业发展的又一成功范例。截至2021年6月，深圳融资租赁企业约2 282家，融资租赁资产累计总额超5 000亿元，融资租赁企业总资产规模排名在上海、天津和北京之后。服务实体企业数量近20万家，带动就业岗位超100万个。在注册资本金方面，深圳融资租赁企业相比于上海注册的公司普遍较小。

深圳作为全国又一个融资租赁产业高地，近几年行业规模迅猛增长。这主要得益于深圳的政策优势、雄厚的产业基础以及发达的金融业与服务业。

（1）政策叠加。前海拥有"前海合作区＋保税港区"的叠加优势。前海合作区内拥有前海湾保税港区，实行比经济特区更特殊的先行先试政策。2014 年 1 月，深圳市金融办、市经贸信息委联合发布《关于推进前海湾保税港区开展融资租赁业务的试点意见》，在市场准入、海关政策、跨境融资政策等多方面给予注册地在前海的融资租赁公司一系列优惠政策。

（2）深港联动。前海是国家指定的金融业对外开放试验示范窗口、跨境人民币业务创新试验区，深港资本市场联动，在推动实体经济和国际资本市场衔接、打通境内外资金通道、资产证券化等方面具有独特优势。

（3）市场配套。前海根植深圳，这里是世界级制造基地，华为、中兴、比亚迪等一批"走出去"优秀企业坐落于此，不断释放对融资租赁的需求。深港两地作为全球知名金融中心，人才储备充沛、信息网络发达、国际交往便利，融资租赁环境国际化、市场化、法制化水平高。

（4）区位优势。深圳有毗邻港澳的区位优势，吸引全球高端生产要素聚集，企业能够获得更低廉的海外融资。深圳能凭借香港地区成熟的金融业连接海外国际租赁市场，学习先进经验。

（资料来源：王文熹. 深圳外资融资租赁公司发展现状及相关思考［J］. 特区经济，2019（5））

课后习题

一、名词解释

1. 融资租赁

2. 转租赁

3. 衡平租赁

二、判断题（正确的表达打"√"，错误的表达打"×"）

1. 衡平租赁是融资租赁最简单、普遍、主要的方式；直接租赁较衡平租

赁更为复杂。   （   ）

2. 深圳融资租赁行业迅猛发展得益于政策优势、雄厚的产业基础以及发达的金融业与服务业。   （   ）

3. 现代融资租赁是第二次世界大战后全球金融创新的产物。   （   ）

三、简答题

1. 简述融资租赁与一般租赁的区别。

2. 融资租赁的具体方式有哪几种？

3. 简述天津融资租赁产业的发展概况。

参考文献

［1］陈鹏. 后疫情时期融资租赁企业的发展［J］. 服务外包，2022（7）.

［2］贺安若，冯婷. 融资租赁纾解中小企业资金之困［J］. 财富时代，2022（7）.

［3］侯娟娟. 我国融资租赁行业发展历程回顾及发展前景［J］. 中外企业家，2017（34）.

［4］胡玉兰. 融资租赁公司参与政信类业务的风险分析框架研究［J］. 现代金融，2021（11）.

［5］李文增. 对天津融资租赁业快速持续发展的原因分析［J］. 产权导刊，2021（11）.

［6］李泽麒. 天津自贸区融资租赁发展研究［D］. 天津：天津财经大学，2020.

［7］林冰玉. NF 融资租赁公司的项目风险管理优化对策研究［D］. 苏州：苏州大学，2016.5.

［8］刘辉群. 自贸区时代背景下的中国融资租赁业税收制度创新［C］//新兴经济体创新发展与中国自由贸易试验区建设——中国新兴经济体研究会 2015 年会，2015.

［9］刘金凯，邵四华. 融资租赁业务创新模式研究——以天津市融资租赁业为例［J］. 华北金融，2020（11）.

［10］刘同安. 创新引领融资租赁行业 2.0 时代［J］. 当代金融家，2019（6）.

［11］卜岩兵. 我国融资租赁税收法律制度研究［D］. 北京：北京工商大学，2014.

［12］王文熹. 深圳外资融资租赁公司发展现状及相关思考［J］. 特区经济，2019

(5).

　　[13] 徐维军, 陈树坚. 广州市融资租赁产业的发展与创新对策 [J]. 城市观察, 2021 (6).

　　[14] 杨洪波, 马海超. 中国融资租赁业的机遇、挑战与策略 [J]. 价值工程, 2011 (21).

　　[15] 詹荣富. 广东自贸区物流服务创新及推动探究——基于上海自贸区融资租赁发展启示 [J]. 物流工程与管理, 2016 (7).

　　[16] 周凯, 李虹含. 融资租赁支持首都经济高质量发展的机理与政策建议 [J]. 管理现代化, 2019 (1).

　　[17] 左伏桃. 中集租赁: 提供专业化的金融方案, 助推企业做大做强 [J]. 专用汽车, 2015 (1).

　　[18] 天津租赁联合研发中心. 2019 年融资租赁业发展情况报告 [J]. 华北金融, 2020 (3).

　　[19] Chang J. Finance Leases: In the Shadow of Banks [J]. *Review of Finance*, 2021, 26 (3).

　　[20] Ngwenya F. Finance lease – treatment of finance costs: IFRS for SMEs [J]. *Professional Accountant*, 2012 (3).

　　[21] Norah T. Finance Lease Market 2019 Global Trends, Market Share, Industry Size, Growth, Opportunities, and Market Forecast to 2028 [J]. *M2 Presswire*, 2019.

　　[22] Kruglinski Ay. Revisiting shorter – term bank – funded finance leases [J]. *Railway Age*, 2013, 214 (5).

　　[23] Kusano M. Does recognition versus disclosure affect risk relevance? Evidence from finance leases in Japan [J]. *Journal of International Accounting, Auditing and Taxation*, 2020 (38).

|第八章|

离岸贸易

第一节　离岸贸易的定义与分类

一、离岸贸易的定义

离岸贸易（offshore trade）是指本国（地区）商业机构购买的货物直接由关境外的生产地付运到客户，而不经过该商业机构所在国家（地区）关境。离岸的含义是指投资人的公司注册在当地，但其业务运作可在世界各地的其他地方直接开展。

根据 2021 年 11 月发布的《中国人民银行　国家外汇管理局关于支持新型离岸国际贸易发展有关问题的通知》，新型离岸国际贸易是指我国企业与全球企业之间发生的，交易所涉货物不进出我国一线关境或不纳入我国海关统计的贸易。

离岸贸易是最近二三十年来出现的新型贸易模式，进口国和出口国交易方应设在第三国的离岸公司，要求直接完成货物买卖；其间所有物流不经第三国，但贸易结算由第三国离岸公司负责。离岸贸易形式中的贸易公司起到交易撮合、资金结算、信息整合的作用，实现订单流、货物流和资金流的

"三流"分离。

离岸贸易的操作方式是一种综合性的、全面降低企业进出口运营成本的国际贸易操作方式；离岸贸易是在国际转口贸易模式基础上进行的延伸和发展。作为一种新型的贸易方式，离岸贸易属于服务贸易范畴，是全球贸易分工进一步细化的必然结果。

二、与离岸贸易相关的概念

新型离岸贸易包括但不限于离岸转手买卖、全球采购、委托境外加工、承包工程境外购买货物等。与其相关的概念包括如下方面。

1. 过境贸易

《1994 年关贸总协定》第五条规定："货物、船舶及其他运输工具，经由一缔约方的领土通过，无论有无转船、存仓、起卸或改变运输方式，只要通过的路程是全部运程的一部分，而运输的起点和终点又在运输所经的缔约方的领土以外，应视为经由这一缔约方领土过境。"鉴于过境贸易一般不涉及商品所有权转移问题，所以不纳入国际收支统计。一般情况下，海关也不会将其作为进出口来统计。

2. 转口贸易

转口贸易指国际贸易中货物转口的买卖，生产国与消费国不是直接进行交易，而是通过中转国转口进行的贸易。货物先转至中转国，再转至进口国；货物所有权先转至中转国商人，后转至进口国买家，这些贸易方式对中转国来说就是转口贸易。

3. 离岸转手买卖业务

这是一种典型的离岸贸易形态，是指我国企业从境外卖家处购买货物，然后向境外另一买家转售同一货物，而货物未进出我国关境（含海关特殊监管区域）的交易。

4. 委托境外加工

其一，我国部分企业作为委托方，将产品的生产加工环节转移至国外，并从海外（或境内）将原材料运至生产国，加工后产品由国外直接运至消费国。

其二，一些企业需要到境外地区进行委托加工、封测，产品直接销往第三国或地区。原材料或产成品不经过我国境内，但资金跨境收付。这两种形态中，原材料或产成品不经过我国境内，但资金跨境收付。

5. 承包工程境外购买货物

我国境外承包工程企业在境外国家或地区建设项目时，部分工程材料或设备需从国外采购，并直接运至海外工程所在地，不进入我国境内，但采购货款从境内支付。

6. 全球采购

全球集中采购是指企业可以从世界上任何地方购买产品、货物或者服务，然后将其部署到其他国际目的地。

三、离岸贸易的分类和发展共性

离岸贸易可以分为以下类别。

（1）在岸结算型离岸贸易。尽管物流不进出我国一线关境或不纳入我国海关统计，但资金流、订单流经过我国境内。

（2）离岸结算型离岸贸易。有一些境内的贸易商在组织管理境外两国/地区之间的贸易时，物流和资金流都不经过境内，仅有订单流经过境内。

按照是否属于同一个企业可分为企业间离岸贸易和企业内离岸贸易，企业内离岸贸易指跨国公司各子公司之间的离岸贸易。

离岸贸易发展具有一定的共性，具体如下。

一是便利开放的国际贸易环境。离岸贸易业态的聚集地，往往通过高资金结算效率、低市场准入门槛、优质的通关/物流服务等形成吸引力。

二是税制简单且税负较低的税收环境。建设具有国际竞争力的离岸贸易聚集地，大多需要实行有竞争力的税收减免政策。

三是公正透明的法治环境。完善的法治体系可为离岸贸易发展营造公平、透明、稳定、可预期的营商环境，确保跨地域贸易的安全性。

四是国际化专业人才。新型离岸贸易的发展离不开相关的金融、法律、财会等机构的支持，需要国际化专业人才队伍的支持。

四、发展离岸贸易的意义

1. 有助于参与全球价值链

离岸贸易是全球价值链分工发展到一定阶段的必然产物，是近二三十年出现的一种全新的国际贸易方式。在全球疫情冲击、贸易保护主义加剧、新科技革命深度推进的背景下，全球价值链、产业链、供应链加速重构，离岸贸易作为新型国际贸易方式，对提升本地区在全球产业链供应链价值链中的地位、提高资源配置能力、发展区域总部经济具有重要意义。

2. 有助于降低贸易成本

参与离岸贸易不仅能拓展经营范围，有效创造更多订单，也能有效降低贸易成本。例如，2020 年 6 月 7 日在中国（重庆）自由贸易试验区，重庆徽帝航空设备有限公司的一批价值 43 万美元的航空润滑油完成离岸贸易交易。与之前模式相比，该企业物流成本降低 60%，运输时间缩短 77%，节约税金 20 万元人民币。

3. 有助于构建对外开放新格局

发展离岸贸易不仅是便利企业拓展业务的现实需要，也有利于构建多元、多样、丰富的国际贸易体系，有利于充分利用国内国际两个市场、两种资源，推动国内国际贸易联动，加快构建以国内大循环为主体、国内国际双循环相互促进的新发展新开放格局。

第二节　我国香港地区的离岸贸易

一、香港发展离岸贸易的历程

我国香港地区的离岸贸易源于长期以来与内地的转口贸易。20 世纪 80 年代随着香港制造业转移到内地，香港的转口贸易快速发展。但进入 21 世纪以来，内地进一步扩大对外开放，也完善了港口设施，香港转口贸易优势逐步弱化。不过，由于香港长期以来是全球最自由的经济体之一，法律健全、税率低和高效的政府工作效率吸引了来自世界各地的跨国公司在香港设立地区总部；同时也由于港资需要异地管理在珠三角地区设立的大量企业，香港离岸贸易快速发展。

香港特区政府统计处数据显示，1988 年，香港离岸贸易（包括转手买卖和与离岸交易有关的商品服务）额为 1 377 亿港元，转口贸易额为 2 754 亿港元，离岸贸易规模是转口贸易的 50%。到 2000 年，香港离岸贸易额达 14 250 亿港元，超过转口贸易额（13 917 亿港元）。

2014 年，香港离岸贸易额达到高峰 52 302 亿港元，而转口贸易额为 36 175 亿港元，离岸贸易规模是转口贸易的 144.6%。2015 年，香港离岸贸易额为 43 349.35 亿港元，其中，转手贸易活动毛利率为 6.3%，与离岸交易有关的商务服务的佣金率为 6.9%。

二、香港发展离岸贸易的现状

香港特区政府统计处数据显示，2019 年香港离岸贸易额为 47 088 亿港元，转口贸易额为 39 409 亿港元，离岸贸易规模与转口贸易的比值进一步下降到 119.6%。2020 年，受新冠肺炎疫情影响，香港离岸贸易额为 42 097 亿港元，下降 10.6%。

以 2019 年计算，香港离岸货品贸易给香港贡献了 10.33% 的地区生产总值。表 8.1 列出了香港地区 2006～2020 年离岸贸易有关数据。

表 8.1　　　　　　　　**2006～2020 年香港离岸贸易发展情况**

年份	离岸贸易货品价值		转口贸易活动			与离岸交易有关的商务服务		
	贸易额（百万港元）	环比（%）	贸易额（百万港元）	毛利（百万港元）	毛利率（%）	贸易额（百万港元）	佣金（百万港元）	佣金率（%）
2006	2 346 470	12.4	1 781 676	143 495	8.1	564 794	22 255	3.9
2007	2 658 938	13.3	2 072 686	161 326	7.8	586 252	24 633	4.2
2008	3 362 819	26.5	2 770 318	176 479	6.4	592 501	27 574	4.7
2009	2 931 156	-12.8	2 470 813	171 491	6.9	460 343	25 111	5.5
2010	3 886 299	32.6	3 337 403	203 325	6.1	548 896	30 126	5.5
2011	4 466 956	14.9	3 856 877	230 462	6.0	610 080	31 298	5.1
2012	4 668 957	4.5	4 045 616	239 021	5.9	623 341	33 146	5.3
2013	4 954 394	6.1	4 406 639	245 945	5.6	547 755	32 366	5.9
2014	5 230 242	5.6	4 733 141	250 904	5.3	497 101	33 030	6.6
2015	4 334 935	-17.1	3 871 864	243 407	6.3	463 071	32 100	6.9
2016	4 243 859	-2.1	3 797 923	245 477	6.5	445 936	31 609	7.1
2017	4 455 841	5.0	3 977 798	260 770	6.6	478 042	33 089	6.9
2018	4 827 418	8.3	4 317 526	275 756	6.4	509 892	33 910	6.7
2019	4 708 788	-2.5	4 204 380	266 721	6.3	504 408	31 071	6.2
2020	4 209 710	-10.6	3 771 284	235 667	6.2	438 426	26 064	5.9

资料来源：香港特区政府统计处. 离岸货品贸易［EB/OL］. https：//www. censtatd. gov. hk/sc/EIndexbySubject. html？scode = 454&pcode = D5230004.

如表 8.2 所示，香港特区离岸贸易的主要目的地为美国、中国内地、英国、德国和日本，其中美国约占 1/3，中国内地约占 1/5。

表 8.2　从离岸货品贸易赚取的毛利/佣金（按主要目的地划分）

目的地	年份	转手商贸活动的毛利			与离岸交易有关的商品服务佣金			总计		
		金额（百万港元）	比重（%）	增长率（%）	金额（百万港元）	比重（百分比）	增长率（%）	金额（百万港元）	比重（%）	增长率（%）
美国	2016	88 780	36.2	4.2	8 797	27.8	-5.3	97 577	35.2	3.3
	2017	92 933	35.6	4.7	9 011	27.2	2.4	101 945	34.7	4.5
	2018	99 399	36.0	7.0	9 435	27.8	4.7	108 834	35.1	6.8
	2019	92 908	34.8	-6.5	8 543	27.5	-9.5	101 451	34.1	-6.8
	2020	79 487	33.7	-14.4	7 183	27.6	-15.9	86 670	33.1	-14.6
中国内地	2016	52 816	21.5	-3.0	2 163	6.8	6.7	54 979	19.8	-2.6
	2017	57 739	22.1	9.3	2 467	7.5	14.1	60 205	20.5	9.5
	2018	62 285	22.6	7.9	2 450	7.2	-0.7	64 735	20.9	7.5
	2019	59 844	22.4	-3.9	2 270	7.3	-7.3	62 114	20.9	-4.0
	2020	57 831	24.5	-3.4	1 804	6.9	-20.5	59 635	22.8	-4.0
德国	2016	14 054	5.7	-0.1	3 078	9.7	0.8	17 133	6.2	§
	2017	15 126	5.8	7.6	3 496	10.6	13.6	18 622	6.3	8.7
	2018	15 248	5.5	0.8	3 657	10.8	4.6	18 905	6.1	1.5
	2019	14 566	5.5	-4.5	3 307	10.6	-9.6	17 874	6.0	-5.5
	2020	12 750	5.4	-12.5	2 749	10.5	-16.9	15 499	5.9	-13.3
英国	2016	16 708	6.8	-0.1	1 574	5.0	-1.1	18 282	6.6	-0.2
	2017	16 549	6.3	-1.0	1 467	4.4	-6.8	18 016	6.1	-1.5
	2018	17 137	6.2	3.6	1 463	4.3	-0.3	18 600	6.0	3.2
	2019	17 843	6.7	4.1	1 348	4.3	-7.9	19 191	6.4	3.2
	2020	13 424	5.7	-24.8	1 075	4.1	-20.3	14 500	5.5	-24.4
日本	2016	11 495	4.7	8.3	393	1.2	-27.0	11 889	4.3	6.6
	2017	12 718	4.9	10.6	633	1.9	61.1	13 351	4.5	12.3
	2018	13 031	4.7	2.5	594	1.8	-6.2	13 625	4.4	2.1
	2019	12 320	4.6	-5.5	558	1.8	-6.1	12 878	4.3	-5.5
	2020	10 837	4.6	-12.0	435	1.7	-22.0	11 272	4.3	-12.5

资料来源：香港特区政府统计处．按主要目的地划分从离岸货品贸易赚取的毛利/佣金［EB/OL］．https：//www.censtatd.gov.hk/sc/web_table.html？id=425-57011.

第三节　我国其他城市的离岸贸易

一、我国发展离岸贸易的优势地区

商务部在《"十四五"对外贸易高质量发展规划》中指出，要支持离岸贸易发展。具体举措包括支持在海南自由贸易港、自由贸易试验区以及其他具备条件的地方发展离岸贸易，探索培育一批风险控制能力强、内部合规制度健全的离岸贸易经营主体，推动建立全国性或区域性离岸贸易行业组织。

上海、海南、厦门、宁波、广州等拥有国内起步较早、基础较好的港口，有可能成为离岸贸易中心城市（地区）。此外，苏州等跨国公司总部集聚区同样具备条件，可以重点发展供应链枢纽型离岸贸易。

二、我国发展离岸贸易存在的问题

当前，我国离岸贸易发展尚处于起步阶段，在管理经验和法律规则、业务基础和规模等方面，与国际一流市场还存在一定差距。一是我国在行业开放性、与国际规则对接等方面还有一定的改进空间，虽然拥有较大的贸易规模，但不代表具备较强的国际业务撮合能力。二是发展离岸贸易需要集聚大量的国际贸易机构、金融和服务机构，具备高标准的金融开放度等条件。三是外汇管理问题。我国现有外汇管理方面的有关规定，与跨国公司开展离岸贸易业务的运作模式有不匹配之处。例如结汇、售汇和付汇要求的报关单与外汇核销单，在"三流"分离的状态下离岸贸易公司可能无法提供。此外，需要防止企业主体通过离岸贸易搞贸易融资套利，或借经常项目通道规避资本项目监管。四是流程监管问题。基于离岸贸易具有货不进境，通过海关信息难以核实的特点，相关跨境结算业务既是监管部门检查的重点，也是监管中的实操难点。存在货到提单未到、货物滞港、无法向银行提供全套正本海运提单，仅能提供提单电子版，无法体现完整的货权流转记录等问题。

三、我国分城市的离岸贸易发展概况

1. 上海

当前，上海离岸贸易已达到了一定规模，且发展迅速。2020年，其离岸转手买卖外汇收支已超过18亿美元，2021年前8个月更刷新为53.2亿美元。[①] 上海印发的《"十四五"时期提升上海国际贸易中心能级规划》显示，2020年上海离岸贸易总额为3 055亿元，预计2025年达到5 000亿元左右。

2. 北京

2022年7月，北京发布《北京市促进离岸贸易创新发展的若干措施》，共14项内容，围绕六个方面发力，将稳步推进北京离岸贸易发展。具体内容见表8.3。

表8.3　《北京市促进离岸贸易创新发展的若干措施》有关内容

建立离岸贸易协调工作机制方面	将离岸贸易创新发展纳入"两区"国际商务服务协调工作组工作范畴，对离岸贸易创新发展、平台建设、配套服务、结算融资便利化、风险防控等加强统筹，对重点项目、重大问题、特殊诉求加强协调
推进跨境结算便利化和融资便利化方面	提高诚信合规企业贸易结算便利化水平，为诚信合规企业举办离岸贸易业务专项培训及人才政策宣讲；探索制定标准化的离岸贸易跨境资金结算流程；为企业提供离岸贸易融资便利；搭建公共信息服务平台，辅助银行甄别离岸贸易交易的真实性、合理性和逻辑性
完善监管保障措施方面	建立灵活精准的合议审核机制，对企业真实合法的离岸贸易特殊业务需求，由"两区"国际商务服务协调工作组组织合议，按照"鼓励创新、防范风险"的原则，开展个案分析，审议研判方案，解决企业诉求；完善离岸贸易统计体系

① 张一婷. 上海离岸贸易实践探索之路［J］. 中国外汇，2021（24）.

强化离岸贸易要素保障方面	加大财政支持力度，对符合条件的离岸贸易企业给予奖励；落实税收优惠政策，支持存在大量实质性离岸贸易业务的企业按相关规定申请认定技术先进型服务企业，享受相关税收优惠政策；加大贸易人才引进力度，将高端贸易人才纳入紧缺急需人才遴选引进范围，经市级有关部门推荐的符合人才引进标准的贸易人才，可申请办理人才引进落户
促进离岸贸易创新发展方面	设立离岸贸易创新发展集聚区；支持自贸试验区建立离岸贸易服务中心；支持离岸贸易总部企业发展
加强离岸贸易风险防范方面	实施综合监测管理，防范虚假或构造交易、骗取融资等异常行为

同时，北京自贸试验区新型国际贸易公共服务平台上线试运行，将以物流数据整合为核心，生成贸易背景真实性核验信息报告，提高金融机构对企业离岸贸易背景的核验能力，促进跨境资金结算便利。

3. 广州

广州作为华南地区的贸易中心城市之一，位于有众多生产企业的珠三角地区，具有发展离岸贸易的先天优势。2022年4月，广州南沙新区印发《关于南沙自贸片区推动离岸贸易的工作实施方案》，将在离岸贸易领域先行先试，推动离岸贸易政策创新，促进离岸贸易产业高质量发展。提出从建立工作机制、出台支持性政策、打造综合服务平台、开展创新试点、持续优化营商环境等方面着手，进一步提升南沙自贸区离岸贸易产业能级。力争到2025年底，实现离岸贸易高度发达，贸易企业云集，人才极大丰富，金融、商贸服务达到先进水平。

四、各部门和各地促进离岸贸易发展的政策

各部门和各地都出台了一系列促进离岸贸易发展的政策，如表8.4所示。

表 8.4　　　　　　　　　　促进离岸贸易发展的有关政策

发布时间	发布部门	政策名称	重点内容
2020 年 12 月	国家外汇管理局海南省分局	《关于支持海南开展新型离岸国际贸易外汇管理的通知》	进一步明确了新型离岸国际贸易的定义，首次提出其包括离岸转手买卖、委托境外加工、第三国采购货物等内容；优化金融服务，为在海南注册的诚信守法企业开展真实、合法新型离岸国际贸易提供跨境资金结算便利；要求同一笔离岸转手买卖业务原则上应在同一家银行，采用同一币种（外币或人民币）办理收支结算等
2021 年 3 月	国家外汇管理局江苏省分局	《关于支持苏州工业园区新型离岸国际贸易发展的通知》	鼓励苏州地区银行依据苏州工业园区的功能定位和自身特色，适应国际贸易发展新趋势新特点，进一步优化金融服务，为在苏州工业园区注册的企业开展真实、合法新型离岸国际贸易提供高效便捷的跨境资金结算服务。同时，支持地方政府搭建公共信息服务平台，加强跨部门信息共享和监管协作，通过科技赋能提升服务水平，促进新型离岸国际贸易持续健康发展
2021 年 6 月	国家外汇管理局厦门市分局	《关于支持厦门新型离岸国际贸易发展的通知》	从创新方式、业务规范、差异管理、优化展业、联合监管等方面提出十条支持新型离岸国际贸易发展的举措
2021 年 12 月	中国人民银行等 2 部门	《关于支持新型离岸国际贸易发展有关问题的通知》	一是支持基于实体经济创新发展需要的新型离岸国际贸易业务，对相关跨境资金结算实现本外币一体化管理；二是鼓励银行完善内部管理，实施客户分类，优化自主审核，提升服务水平，为真实、合规的新型离岸国际贸易提供跨境资金结算便利；三是强化风险监测管理，防范跨境资金流动风险

五、推动离岸贸易新业态发展的对策

稳步推进离岸贸易发展，可以从以下方面入手。

1. 提高离岸贸易的监管能力

充分运用最新信息技术和监管方式，牢牢守住风险防控底线。支持有条件的地方利用科技手段提高离岸贸易监管能力，通过大数据、区块链等技术总体解决贸易真实性审核难题，为推动开展离岸贸易提供重要支撑。

2. 推动总部经济发展，发展服务于总部企业的离岸贸易

20 世纪 60 年代，建厂不久的韩国浦项钢铁厂缺乏原材料，日本综合商社就利用其原来已建立的贸易与投资网络，将原本供应给日本本土的矿产品直接从非洲卖到韩国，同时将韩国的冶金与机械产品卖到其他国家。我国可以借鉴有关经验。

3. 实现跨境资金和人才的有序、便利流动

支付结算环节保留在境内会大大提高境内企业对价值链的掌控能力。在跨境资金流动足够便利的情况下，离岸贸易将带来大量的资金集聚，从而促进国际金融中心的形成与发展。离岸贸易是轻资产运作业务，其主要业务基础是专业人才。对于离岸贸易而言，"招才引智"和"招商引资"同样重要。

4. 出台配套离岸贸易发展的财税优惠政策

从国外一些离岸贸易发达地区的做法来看，为支持离岸贸易的发展，许多地区对于离岸贸易都会给予一定的税收政策支持。对于我国而言，一方面，离岸贸易快速发展需要税收政策的有力支撑；但另一方面，又不能仅仅依靠低税率来发展离岸贸易，要避免各地通过向中央争要税收优惠政策或是违规减免税收来发展离岸贸易。

目前，我国离岸贸易的发展还处于初级阶段，对相关税制的配套改革提出了更高要求。《国务院印发关于推进自由贸易试验区贸易投资便利化改革创新若干措施的通知》中特别提出："支持自贸试验区发展离岸贸易，在符合税制改革方向、不导致税基侵蚀和利润转移的前提下，研究论证企业所得税、印花税相关政策。"这为出台配套离岸贸易发展的财税优惠政策指明了方向。

5. 实现不同地区差异化发展

就一个国家而言，不同的地区有不同的特点和优势。各地离岸贸易可以走差异化的发展道路，避免恶性竞争。例如，宁波和舟山的离岸贸易可定位于发展大宗商品贸易；上海和深圳的离岸贸易可重点发展制成品贸易；海南、广西、云南等地的离岸贸易可主要面向南亚和东南亚市场；而成都、重庆、西安等地的离岸贸易则挖掘向西开发、开放的潜力。

本章案例

苏州的离岸贸易样本

新型离岸贸易除了传统转手买卖外，还包括全球采购、委托境外加工、境外承包工程第三国购买货物等新贸易模式。随着苏州自贸片区内产业生态的日渐完善，离岸贸易领域不断涌现新业态、新模式，新型离岸贸易成为生物医药、集成电路等新兴产业走向世界的新路径。

新型离岸贸易全年累计结算额突破 10 亿美元，同比增长近 200%……2021 年，苏州工业园区积极抢抓苏州自贸片区建设红利，成为全国第二个获批开展新型离岸国际贸易政策试点的地区，在持续推动以制造业为特色的新型离岸贸易发展的同时，助力新兴产业走向世界，进一步服务"双循环"新发展格局。

苏州自贸片区着眼于实体经济创新发展和产业转型升级，打造有制造业底色的离岸贸易集聚地。2021 年，片区内大型跨国制造业企业纷纷拓宽发展路径，共有 42 家企业开展新型离岸贸易相关业务，同比增长超三成，其中 18 家企业为首次开展。

IHI 寿力压缩技术（苏州）有限公司于 2021 年开始立足苏州自贸片区开展新型离岸国际贸易，作为集团重要的全球购销平台，公司基于全球售后服务业务和整机销售业务开展离岸贸易业务。"比如客户购买的工业用透平压缩系统及设备需要维修更换零部件，我们会从日本总部采购原厂零部件，直接发往客户所在地。此外，我们获得日本总部授权，为总部提供采购及销售服务，可以从总部采购整机或料件，直接销往欧美、东南亚等海外客户。"

IHI 寿力压缩技术（苏州）有限公司相关负责人说。

兴盟生物医药（苏州）有限公司专注于高端生物药的研发以及产品注册、技术转让、技术服务、销售工作。"过去，生物医药企业在支付海外临床试验费用时往往是通过服务费的形式进行付汇，面临着较多限制。"据企业负责人介绍，根据去年出台的新政，外汇管理部门进一步明确，"境内医药企业从境外他国购买试验药品，药品直接在当地或运输至境外第三国进行临床试验，并支付货款和试验相关费用"的模式属于新型离岸国际贸易中的全球采购模式。兴盟生物也成了园区生物医药企业中"第一个吃螃蟹的"，企业处理相关外汇业务流程所需时间大幅降低。

在海外采购零部件，直接销往海外客户或关联企业，用于大型项目工程自动化产线生产需求，智能制造标杆企业——博世汽车部件（苏州）有限公司依托新型离岸国际贸易实现了"轻量化"发展。博世汽车部件苏州公司专业研发、生产并销售汽车电控单元、刹车防抱死系统 ABS、电子稳定程序ESP 等汽车零部件，2021 年起首次"试水"离岸贸易业务，释放出了更有力的发展动能。

（资料来源：唐晓雯. 新型离岸国际贸易撬动制造业转型发展"新支点"［N］. 潇湘晨报，2022. 4. 6）

课后习题

一、名词解释

1. 离岸贸易
2. 委托境外加工
3. 全球采购

二、简答题

1. 发展离岸贸易的意义是什么？
2. 当前发展离岸贸易存在哪些困难？

3. 推动我国离岸贸易发展应采取哪些对策？

4. 香港离岸贸易发达的原因是什么？

参考文献

［1］陈卫东，曹鸿宇．海南自贸港离岸贸易发展及支持措施研究［J］．海南金融，2022（3）．

［2］单毅．离岸贸易"滨海模式"首单业务落地［N］．滨城时报，2022.6.3.

［3］刘明．如何打开离岸贸易这片"蓝海"？［N］．国际商报，2022.4.20.

［4］李国辉．支持新型离岸国际贸易发展［N］．金融时报，2021.12.27.

［5］彭羽，沈克华．香港离岸贸易对珠三角地区产业发展的影响研究［J］．国际经贸探索，2013（2）．

［6］许予朋．为新型离岸国际贸易提供结算便利［N］．中国银行保险报，2021.12.29.

［7］王曼．稳步发展离岸贸易，赋能外贸高质量发展［N］．中国贸易报，2022.8.23.

［8］张伟伦．以离岸贸易赋能外贸高质量发展［N］．中国贸易报，2022.6.9.

［9］赵慈拉．电子商业汇票跨境支付应用场景与路径设计研究［J］．上海立信会计金融学院学报，2022（2）．

| 第九章 |

邮轮旅游

第一节　邮轮旅游的定义和分类

一、邮轮旅游的定义

邮轮原为运载旅客的交通工具。1850 年左右，英国皇家邮政允许私营船务公司帮助其运载信件和包裹。这个转变让一些远洋轮船摇身变成悬挂英国皇家邮政信号旗的远洋载客邮轮。"远洋邮轮"一词，便因此诞生。

随着航空技术和旅游业的发展，原本作为客运或邮政运输工具的邮轮渐渐退出了历史舞台。邮轮逐渐演变为只供游乐的游轮。

现代邮轮指以轮船作为交通载体，提供住宿、餐饮以及休闲服务的多功能工具。旅客巡游的经历不仅包括航行本身，还体现在欣赏国内外停靠港景色，享受船上精美的膳食、住宿、休闲、娱乐服务。因此，邮轮被称为"无目的地的目的地""海上流动度假村"，是世界旅游休闲产业不可或缺的一部分。

邮轮经济是指以邮轮旅游为核心产品带动相关产业的发展而产生的总体经济效应。它的基本模式为兴建港口及相关设施，以招揽邮轮停靠。邮轮经济的主要收入来源在于邮轮公司在港口城市和周边地区购买产品和服务所带来的消费；而间接经济效应则更广。历史上的知名邮轮旅游公司及其特点如表 9.1 所示。

表9.1   **历史上的知名邮轮旅游公司及其特点**

知名公司	知名邮轮	特点
英国卡纳德航运公司（Cunard）	卢西塔尼亚号、玛丽王后号、伊丽莎白王后二号、维多利亚女王号	注重速度
白星航运公司（White Star Liner）	泰坦尼克号、不列颠尼克号	装饰豪华、乘船舒适
环大西洋航运公司（CGT）	诺曼底号、法兰西号	风格简约、富有现代感

未来的邮轮旅游将形成一个以邮轮观光、休闲娱乐为主，集商务会议、文化交流、运动探险、水上娱乐等于一体的多样化游轮旅游服务系列。

二、邮轮的分类

按照邮轮船型大小，可以将邮轮划分为大型邮轮、中型邮轮和小型邮轮。大型邮轮载客量一般在 2 000 人以上，中型邮轮载客量一般在 1 000 ~ 2 000人，小型邮轮载客量一般在 1 000 人以下。

按照邮轮航行的水域，可以将邮轮划分为远洋邮轮、近洋邮轮和内河邮轮。远洋邮轮一般航程较长，航期在 10 ~ 15 天，或更长。近洋邮轮，起点和终点港口通常是同一港口，旅程也较短，为 1 ~ 2 天至 1 ~ 2 个星期。内河邮轮则航行于内河，如长江三峡邮轮等。

三、邮轮旅游的种类

（1）邮轮观光游。邮轮观光游是以满足旅游者乘坐邮轮观赏自然风光、名胜古迹、建设成就等为主要目的的旅游服务。世界范围内，很多地区拥有绚丽的自然风光和丰富的文化资源，便成了理想的邮轮活动区域。如长江三峡、密西西比河、塞纳河、伏尔加河等。

（2）邮轮休闲游。邮轮乘坐悠闲、舒适，并能提供各种完善的娱乐设施，为游客提供满足其各种休闲、娱乐需求的服务。

（3）邮轮文化游。邮轮文化游是满足旅游者了解邮轮航行区域（及其周边）文化特色、风情的邮轮旅游服务。

（4）邮轮会议游。邮轮会议游是指人们利用邮轮举行各种会议而购买邮轮服务的旅游消费。这种服务形式主要针对大公司、企业。

第二节　全球邮轮旅游概况

一、全球邮轮旅游概况

世界邮轮协会（CLIA）的数据表明，1990~2009 年的 20 年中，邮轮乘客数量以平均 7.2% 左右的速度迅速增长，2009 年全世界邮轮旅客数量将近 1 400 万人。

2009~2017 年，市场需求仍不断增长。2018 年，全球乘坐邮轮的游客数超过 2 800 万人。世界范围内，邮轮乘客的平均年龄为 49 岁，这一方面说明邮轮主要面向年长者或者家庭；另一方面也说明乘坐邮轮需要一定的经济实力。从消费市场来看，北美是最大的邮轮市场，最著名的旅游目的地是加勒比、地中海和阿拉斯加等。

全球邮轮市场冷热不均。在北美、欧洲等成熟市场已经趋于稳定，而在澳大利亚、中国甚至印度，邮轮旅游都保持着高速的增长。从各国的邮轮渗透率（邮轮乘客除以总人口）看，美国为 3.4%，西班牙为 1%，巴西为 0.2%，北美平均为 3.49%，欧洲为 1.24%。

2017 年世界的邮轮总数达到约 470 艘，运载能力达到约 50 万人。世界上最大的 25 艘邮轮总吨位为 398 万吨。全球最大的邮轮为皇家加勒比的海洋和谐号（harmony of the seas）号，吨位相当于最大的航空母舰（福特级）的2倍。

邮轮的销售渠道以旅行社为主。不同于酒店业的预订渠道大部分都是在线官网或旅游网站，全球邮轮公司都极大地依赖代理。根据国际邮轮协会的数字，全世界有15 000个邮轮代理，旅行社的份额占到70%以上。这是因为安排邮轮游是一项比较复杂的工作，这个时候消费者总是希望有专业人士在线下做充分的说明，线下的旅行社服务的优势就尽显出来，因而大部分人最终愿意选择旅行社渠道以省心省事。

二、全球主要邮轮港口

世界上主要邮轮母港分布在北美和欧洲，此外要数东南亚地区。主要邮轮港口包括如下几个。

（1）迈阿密。自20世纪90年代起开放与邮轮公司合作，迈阿密码头发展非常快。邮轮码头离机场仅15分钟车程；离市中心大型购物、宾馆、餐饮区仅几分钟的车程；毗邻美国南部的诸个旅游区。

（2）巴塞罗那。西班牙巴塞罗那扼地中海出入大西洋的咽喉，是地中海的主要邮轮母港城市。其交通的便利性在地中海各城市中领先，附近的旅游资源丰富，故其客流量长年不衰。

（3）新加坡。新加坡是亚洲邮轮产业发展最快、邮轮市场发展最成熟的国家，被世界邮轮组织誉为"全球最有效率的邮轮码头经营者"。新加坡交通便利，购物、餐饮、宾馆业均列亚洲前列，旅游收益已成为国家重要的收益之一。

三、全球主要邮轮旅游公司

目前全球邮轮旅游市场的行业集中度比较高，形成了寡头垄断的局面。市场主要被三大集团所占领，分别是嘉年华（Carnival）邮轮公司、皇家加勒比（Royal Caribbean）邮轮公司以及丽星（Star）邮轮集团。

　　嘉年华集团和皇家加勒比集团分别在美国上市，丽星集团旗下诺唯真集团在美国纳斯达克交易所上市。据国际邮轮协会数据，2007 年三者分别拥有81 艘邮轮（140 000 个床位）、34 艘邮轮（67 900 个床位）、21 艘邮轮（32 300个床位），占世界邮轮产业 80% 的市场份额。2017 年这三个邮轮集团分别占有全球邮轮市场 37.7%、18.9%、11.6% 的市场份额；当年营收分别为 175.1 亿美元、87.8 亿美元、54 亿美元。

　　嘉年华集团是世界上最大的邮轮集团，总部设在佛罗里达的迈阿密，公司邮轮主要服务于北美、南美、欧洲以及南太平洋地区。

第三节　我国邮轮旅游概况

一、我国邮轮旅游的发展历程

　　豪华邮轮首次停靠中国港口是在 20 世纪 80 年代。

　　2005 年，国际豪华邮轮停靠上海、天津、青岛、大连、宁波、厦门等港口共计 40 港次。

　　2006 年，有近 15 艘国际豪华邮轮停靠中国港口达 70 多港次。

　　2006 年，"中国邮轮游艇发展大会"召开，世界多家邮轮公司正式进军中国。皇家加勒比将上海和香港作为在华开航的两大母港。

　　2007 年，世界邮轮大会在中国召开，全球各地邮轮企业共聚一堂。

　　2008 年，北京奥运会在极大地提升中国国际影响力的同时，也招徕更多的游客来中国观光。

　　2010 年，上海世界博览会对中国邮轮经济发展起到助推作用。

　　2011 年，参加邮轮旅游的中国游客为 8.7 万人次。

　　2012 年，皇家加勒比把旗下的海洋航行者号引入中国，6 月 19 日首航。

　　2014 年，上海举办"上海邮轮旅游节"。

2015 年，歌诗达公司的"大西洋号"从上海母港出发，绕地球整整一圈，成为首条以上海港为起点的环球邮轮航线。

2016 年 1 月，丽星邮轮"处女星号"正式通航，广州邮轮产业实现"从无到有"的跨越。

2018 年，广州南沙港邮轮出入境旅客数量超 47 万人次，比 2017 年增长 46.9%。

2019 年 12 月，歌诗达·威尼斯号抵达深圳并开启在深圳蛇口邮轮母港首航。歌诗达·威尼斯号不仅是中国靠泊载客量最大的邮轮，且带来中国首个"智慧邮轮"项目。

2019 年，第一艘中国国产大型邮轮开工。

2022 年 8 月，第二艘国产大型邮轮在上海外高桥船厂开工建造。

二、我国邮轮旅游概况

1. 我国邮轮旅游总体情况

2016 年中国成为世界第二大邮轮客源市场。同时，发展潜力很大——2016 年我国邮轮渗透率只有 0.15%。2017 年邮轮出境游客达到 239 万人次。我国邮轮旅游市场亲子游尤其多，而且往往都是以带孩子体验为核心诉求。[①]

2019 年，上海港口邮轮旅客接待总量 189.34 万人次，厦门港口邮轮旅客接待总量 41.37 万人次，天津港口邮轮旅客接待总量 72.55 万人次，青岛港口邮轮旅客接待总量 17.62 万人次。

2019 年，上海港口邮轮接待量为 258 艘次，厦门港口邮轮接待量为 136 艘次，天津港口邮轮接待量为 121 艘次，大连港口邮轮接待量为 39 艘次，青岛港口邮轮接待量为 51 艘次，深圳港口邮轮接待量为 97 艘次。[②]

2020 年以来，受新冠肺炎疫情影响，人们预订的船票多为内河或沿海的

---

① 石洪斌. 浅论邮轮旅游的发展现状与对策 [J]. 科学与财富，2018（11）.

② 孙晓东，林冰洁. 中国邮轮产业有形之手：政策创新与产业演化 [J]. 旅游科学，2021（12）.

经典航线，如海南海峡的西沙航线、重庆—宜昌的三峡航线、厦门—舟山的沿海航线。内河航线中的旅游客船船体大多在 150 米宽以内，主要负责短期游、近海游和内河游。

专栏：新冠肺炎疫情对邮轮旅游的影响

邮轮旅游是新冠肺炎疫情影响下的重灾区。疫情暴发以来，各大邮轮公司纷纷取消始发和访问中国的邮轮航次。2020 年 1 月取消 9 艘母港邮轮的 15 个航次（合计旅客吞吐量约 8 万人次）；2 月共取消 10 艘母港邮轮和 3 艘访问港邮轮 67 个航次（合计约 35 万人次）；3 月航次全部取消，预计影响 25 万人次。第一季度邮轮市场规模因停航已合计影响 68 万人次，旅客人次较去年同期下降 74%。

此外，诺唯真邮轮取消了 2020 年第三季度之前亚洲的所有邮轮航程安排。公主邮轮取消了"蓝宝石公主号"邮轮 6～9 月全部 27 个母港航次，预计减少 15 万人次的旅客吞吐量。上海国际邮轮经济研究中心估算损失，疫情重击下，截至 4 月，疫情对邮轮公司的总收入损失在 13 亿～20 亿元。嘉年华集团 2020 年第一季度净亏损 7.81 亿美元，市值不到一个月缩水 151 亿美元。3 月 2 日，日本神户夜光邮轮公司成为首个因新冠肺炎疫情破产的邮轮公司。

（资料来源：徐杏，沈益华，田佳. 今年邮轮市场发展举步维艰［N］. 中国交通报，2020.4.3）

---

2. 我国邮轮旅游港口建设

截至 2013 年，内地已建成上海国际客运中心、厦门海峡邮轮中心、三亚凤凰岛国际邮轮中心等三个设施较为齐全的邮轮港口。大连、天津、青岛、上海、舟山、厦门、深圳、广州、海口、三亚、北海、防城港等港口都具备接待全球最大邮轮的能力。

世界三大邮轮集团皇家加勒比、嘉年华和丽星邮轮均在上海设立分支机构，开辟了多条以上海为母港的区域邮轮旅游航线。上海港吴淞口国际邮轮港、上海港国际客运中心、外高桥海通码头已初步形成了"一港两地多点"发展的邮轮母港形态布局，可同时停靠 5～8 艘豪华邮轮，年通过能力超过150万人次。

三亚凤凰岛国际邮轮港是全国第一个建成的邮轮专用码头，位于三亚湾南侧，鹿回头岭下。码头不仅紧邻三亚市区，而且到达国际主航道不足一小时航程。三亚是全国唯一的热带滨海旅游城市，其地理纬度、气候条件和海洋旅游资源是全国大多数城市无法企及的，一年四季都适合开展邮轮旅游。

三、我国对邮轮旅游的促进政策

为了推动邮轮旅游、邮轮产业的发展，交通部等部门及各地政府出台了一系列政策。如表9.2所示。

表9.2　　　　　　　　　　我国近年邮轮旅游发展促进政策

时间	部门	政策名称	政策内容
2006年9月	交通部和发改委	《全国沿海港口布局规划》	对我国邮轮业基础设施建设进行了总体布局
2006年6月	发改委	《促进我国邮轮业发展的指导意见》	是我国第一份关于邮轮产业的国家指导性文件，提出吸引国际邮轮靠岸，加强港口到港服务；逐步形成我国邮轮设计与建造能力，建设邮轮母港，健全产业体系
2009年12月	国务院	《关于加快发展旅游业的意见》	支持有条件的地区发展邮轮、游艇等新兴旅游；同时也把邮轮、游艇等旅游装备制造业纳入国家鼓励类产业目录
2015年4月	交通部	《全国沿海邮轮港口布局规划方案》	明确到2030年前我国沿海将形成 2～3 个邮轮母港，使我国成为全球三大邮轮运输市场之一。在港口布局方面，明确由北向南重点发展大连港、天津港、青岛港、烟台港、上海港、厦门港、深圳港、三亚港八大邮轮母港
2016年3月	上海市	《上海市邮轮旅游经营规范》	国内首份邮轮旅游经营规范。表明我国邮轮旅游的发展方向已从以硬件建设为主转向"软硬融合、形成邮轮产业链"

2022 年，工业和信息化部等五部门发布《关于加快邮轮游艇装备及产业发展的实施意见》，其中指出，我国邮轮产业的发展目标是："到 2025 年，邮轮游艇装备产业体系初步建成，国产大型邮轮建成交付，中型邮轮加快推进，小型邮轮实现批量建造，游艇产品系列多样规模化生产，旅游客船提档升级特色化发展。装备技术水平和供给能力大幅提升，品种品质品牌全面提升，能较好满足国内海洋及滨水旅游发展和部分国际市场需求。建立邮轮游艇本土配套及国际协作体系，形成专业化的配套供应链。法规标准体系更加健全，公共基础设施更加完善，形成良好的产业发展生态。"

具体发展措施包括："推动三亚建设国际邮轮母港，推进上海、天津、深圳、青岛、大连、厦门、福州、广州等地邮轮旅游发展，打造一批国际一流的邮轮旅游特色目的地。鼓励按照国家有关规定开展邮轮旅游创建示范工作。丰富邮轮旅游航线和产品，稳慎推进邮轮海上游航线试点，研究探索环岛游航线。推广实施邮轮船票管理制度，落实邮轮港服务规范，提升邮轮旅游服务体验。打造邮轮企业总部基地，吸引更多全球邮轮企业地区总部和全球运营中心落户，支持本土邮轮企业建设发展。"

本章案例

公主邮轮

嘉年华集团（Carnival Corporation & plc）是享誉全球的休闲旅游公司。集团旗下拥有包括嘉年华邮轮、荷美邮轮、公主邮轮、歌诗达邮轮、冠达邮轮、爱达邮轮等九大邮轮品牌。

作为享誉全球的国际豪华邮轮品牌，公主邮轮在 1965 年以一艘行驶往返墨西哥的邮轮扬帆首航。岁月变迁，公主邮轮蓬勃发展，以别出心裁的船舶设计、丰富多样的船上餐饮、娱乐及休闲体验和非同凡响的客户服务而誉满中外。现拥有 15 艘现代化邮轮，每年搭载约 200 万名宾客畅游世界各地的热门航线目的地。

公主邮轮提供 3～111 天的逾 170 条不同的航线，每年载客量达 200 万人次，航线遍布七大洲，停靠全球 380 多个港口和目的地。航线选择包括加勒比海、阿拉斯加、巴拿马运河、墨西哥、欧洲、南美洲、澳大利亚/新西兰、南太平洋、夏威夷、亚洲、加拿大/新英格兰、南极洲和世界航线等热门旅游目的地。此外，全球各地的系列岸上观光游览活动将进一步丰富宾客们的邮轮体验，而公主邮轮陆地行程往往能让宾客畅享海上美妙航程的同时饱览陆上风光。

2014 年 5 月，公主邮轮将精心设计的全新豪华邮轮体验引入发展迅速的中国度假市场，蓝宝石公主号开启以上海为母港的航线，为品位日渐提升的中国宾客提供高品质的和舒适的邮轮体验。

每当新成员面世之时，公主邮轮都会举行盛大的庆典。按照航海传统，公主邮轮会为每艘新船精心选择命名大使为其命名，以昭示邮轮的正式启航。在公主邮轮命名大使的史册上，多位卓有成就的知名人物赫然在列。

盛世公主号，是为中国宾客量身打造的豪华大师级邮轮。高贵、典雅的西方文化与神秘、传奇的中国文化相融合。并邀请了前 NBA 巨星、全球慈善家姚明先生及夫人叶莉女士共同担任"盛世公主号"命名大使。命名仪式于 2017 年 7 月 9 日在上海隆重举行。此次命名仪式将延续航海时代邮轮命名传统，同时精彩呈献盛世公主号从罗马到厦门航行期间的中国传统、现代与西方文艺表演。

（资料来源：公主邮轮．关于公主邮轮［EB/OL］．https：//www. princesschina. com/brand-story）

课后习题

一、名词解释

1. 邮轮

2. 邮轮旅游

3. 邮轮经济

二、简答题

1. 介绍世界三大邮轮旅游公司的简况。

2. 邮轮旅游有哪些种类？

3. 我国邮轮旅游的发展历程是怎样的？

4. 我国有哪些主要的邮轮旅游港口？

三、案例分析题

阅读本章课后案例，分析指出公主邮轮在开拓市场的过程中采取了哪些推广措施？

参考文献

［1］包莉莉. 邮轮产业促进区域经济发展的战略研究［D］. 上海：上海工程技术大学硕士论文，2015. 12.

［2］郭子腾. 加快邮轮游艇装备及产业发展［N］. 中国旅游报，2022. 8. 20.

［3］林鹰. 游轮旅游方兴未艾，带动邮轮经济发展［J］. 交通与运输，2016（5）.

［4］李和英. 邮轮经济为全面起航蓄势聚能［N］. 中国商报，2022. 8. 24.

［5］孙晓东，冯学钢. 中国邮轮旅游产业：研究现状与展望［J］. 旅游学刊，2012（2）.

［6］孙晓东，林冰洁. 中国邮轮产业有形之手：政策创新与产业演化［J］. 旅游科学，2021（12）.

［7］吴其芸. 国产大邮轮"破浪"［N］. 北京商报，2022. 8. 19.

［8］杨洁. 邮轮游艇产业发展将提速［N］. 中国证券报，2022. 8. 11.

［9］张浩熙. 谁来划分邮轮母港"蛋糕"［N］. 北京晚报，2013. 3. 5.

| 第十章 |

服务外包

第一节　服务外包的定义与特征

一、服务外包的定义

服务外包是指企业为了将有限资源专注于其核心竞争力，以信息技术为依托，利用外部专业服务商的知识技能，来完成原来由企业内部完成的工作，从而达到降低成本、提高效率、优化企业核心竞争力的一种服务模式。

按照服务外包的业务分类，服务外包包括业务流程外包（business process outsourcing，BPO），信息技术外包（information technology outsourcing，ITO）、知识流程外包（knowledge process outsourcing，KPO）等。

业务流程外包是指企业将自身的部分业务流程委托给专业化服务提供商，由其按照服务协议要求进行管理、运营和维护等，包括企业内部管理、业务运作、供应链管理等服务。

信息技术外包是指企业向外部寻求并获得全部或部分信息技术类的服务，包括系统操作、系统应用和基础技术等服务。

知识流程外包是指利用书籍、数据库、专家、新闻、电话等多种途径来获取信息，并对信息进行即时、综合的分析研究，最终将报告呈现给客户，作为决策的借鉴。包括商业与市场分析、金融与保险研究、市场进入与投资风险评估、战略投资分析、采购投标分析、行业及公司研究、语言服务等。

根据服务外包承接商的地理分布状况，服务外包分为三种类型：离岸外包、近岸外包和境内外包。离岸外包是指转移方与为其提供服务的承接方来自不同国家，外包工作跨境完成；近岸外包是指转移方和承接方来自邻近国家，近岸国家很可能会讲同样的语言，在文化方面比较类似；境内外包指转移方与承接方来自同一个国家，外包工作在境内完成。

二、服务外包的特征

服务外包发轫于制造业，最初的目的主要是降低成本。一般来说，服务外包具有以下特征。

1. 提高企业非核心业务的专业化程度

承接服务外包的企业往往都会有专业的团队，如承接财务外包的企业拥有专业的财务人员，对于特定领域的业务专业化程度更高，服务效率也更高。企业把非核心的业务分包出去，就可以把优质资源集中于核心的业务。

2. 比传统的制造业有更高的附加值

根据 IBM 数据，服务外包的国内增值远高于制造业来料加工的增值部分；相同的出口额，服务外包是来料加工的 20 倍以上。由此可见，服务外包具有更高的附加值。

3. 属于知识密集型产业，对于从业人员素质要求高

服务外包的很多业务，如财务、IT 等都需要从业人员在相关方面有充分的技能和实践经验，对人力资源的要求较高。而制造业企业的工人只需要对

其进行简单的技能培训即可，对人力资源的要求较低。

4. 低消耗，无污染

承接服务外包的企业不同于制造业企业，不需要原材料（或只消耗较少原材料）进行生产，这样就能减少资源消耗和污染物的排放，对环境非常友好。

5. 需要借助于互联网和通信技术

绝大部分的服务外包合作双方都处于不同的地区，也即通常所说的离岸外包，双方要想进行合作并开展业务，必须借助互联网等现代化的通信手段。

第二节　我国服务外包的发展历程和促进政策

一、服务外包的发展历程

在全球范围内，业务外包发展至今已有 60 年的历史。IT 服务外包的初始形态可以追溯到 1962 年，美国的 EDS 公司就开展了最初的 IT 服务外包业务。

业务外包的发展主要分为如下三个阶段。

第一个阶段是初级制造业的转移与外包。由于人工成本的上升及对高耗能产业的控制，制造业向劳动力价格低廉且政策相对宽松的国家或地区转移，如我国 20 世纪 90 年代承接的加工、制造产业。

第二个阶段是一般服务业的转移与外包。随着本国劳动力成本上升，企业为了降低成本，增加盈利空间，将一般服务业转移出本国。高附加值、低污染的服务业受到接包国家的青睐。这一阶段出现了服务外包。

第三个阶段是高附加值部门的转移与外包。接包国家技术条件逐步成熟，发包国企业为了利用比较优势，甚至开始转移研发中心等高附加值部门。这一阶段是服务外包的高级阶段。

外包的目的在于集中自己的现有资源来发展核心业务和开拓新的经营空间。纵观外包业务的发展演变，外包从技术含量低的业务发展到技术含量高的业务，从处于价值链低端的业务发展到处于价值链高端的业务，如金融服务、供应链管理、软件研发服。

专栏：埃森哲的业务流程外包（BPO）业务

埃森哲（Accenture）注册成立于爱尔兰，是全球最大的上市咨询公司和《财富》世界 500 强公司之一（2020 年排名 279 位），为客户提供战略咨询、数字技术、运营服务及解决方案等服务。

事实上，埃森哲的 BPO 业务已经超过了埃森哲 IT 服务业务。埃森哲在全球有超过 50 个运营中心，拥有 14 万名 BPO 专业人才。埃森哲主要在以下领域提供 BPO：财务与会计、人力资源、采购、供应链管理、合规检查、市场营销、客户运营。其提供 BPO 服务的重点行业是银行业、保险业。

（资料来源：埃森哲. 关于埃森哲［EB/OL］. https：//www.accenture.cn/cn-zh/about/company-index）

---

20 世纪 90 年代以来，我国服务外包大概经历了萌芽期、起步期和发展期三个阶段。

1. 萌芽期（20 世纪 90 年代中～20 世纪 90 年代末）

我国服务外包的萌芽期开始于 20 世纪 90 年代中期，此时主要的服务外包形式是 IT 服务外包。1992 年，我国建设了三大软件基地：京津冀地区的北京软件基地（以中软公司为核心）、长三角地区的上海浦东软件基地和珠三角地区的南方软件基地。软件基地建立后，我国的 IT 服务外包开始萌芽，国内开始有企业承接软件外包业务，我国的服务外包实现了从无到有的突破。1998 年，惠普在中国大陆首次开展了 IT 外包业务，服务对象为爱立信中国。

2. 起步期（20 世纪 90 年代末～2004 年）

在这一阶段我国仍然是以 IT 服务外包为主，并且此类服务外包得到迅速发展。原因是在这段时期国内掀起了一场互联网浪潮，中国逐渐参与 IT 技术和软件开发方面的国际分工。2000 年和 2002 年，国务院先后发布了两个鼓励软件行业发展的文件，并出台了一系列促进软件行业和集成电路产业发展的政策，推动了服务外包的发展。

3. 发展期（2005 年至今）

2005 年至今是我国服务外包的快速发展时期。2005 年前后，我国的服务外包企业之间进行收购兼并，快速整合，整个服务外包行业竞争力得到了很大的提升。服务外包对象也从最初的 IT 外包发展到财务、人力资源、供应链管理等多个方面。2005 年我国前十大服务外包承接方的市场份额约为 24.2%，2006 年达到 30.7%。[①]

中国国际投资促进会发布的《中国服务外包十五年发展与展望（2006 － 2021）》报告显示，2006～2020 年，我国服务外包企业从 500 多家扩展至 6 万多家，增长了 120 倍；服务外包合同执行金额从 13.84 亿美元激增至 1 753.5 亿美元，增长了 126 倍；服务外包行业从业人员由不足 6 万人猛增至 1 290.9 万人，其中大学以上学历人员占 63.5%，成为高学历人才集聚度很高的行业。

二、我国对服务外包的促进政策

自 2009 年起，商务部等部门制定了一系列支持我国服务外包产业发展的政策，主要涉及税收、劳动工时、人才培训、公共服务平台建设、电信服务、金融支持、知识产权保护和数据安全等，并在全国设立了 31 个服务外

---

① 卢锋. 当代服务外包的经济学观察 [J]. 世界经济，2007（8）.

包示范城市。

第一类是财税政策。如表 10.1 所示。

表 10.1   **推动服务外包产业发展的财税政策**

发布时间	发布部门	政策名称	重点内容
2009 年 1 月	国务院	《关于促进服务外包产业发展问题的复函》	对符合条件的技术先进型服务企业，减按 15% 的税率征收企业所得税；技术先进型服务企业职工教育经费按不超过企业工资总额 8% 的比例据实在企业所得税前扣除；对技术先进型服务企业离岸服务外包业务收入免征营业税。技术先进型服务企业具体标准
2010 年 4 月	财政部等 2 部门	《关于做好 2010 年度承接国际服务外包业务发展资金管理工作的通知》	对服务外包企业取得的 CMMI、CMM、PCMM、ISO27001/BS7799、ISO20000、SAS70、AAALAC、GLP、ITIL、COPC、SWIFT 等相关认证及认证的系列维护、升级给予支持，每个企业每年最多可申报 3 个认证项目，每个项目不超过 50 万元的资金支持
2010 年 7 月	财政部等 2 部门	《关于示范城市离岸服务外包业务免征营业税的通知》	自 2010 年 7 月 1 日起至 2013 年 12 月 31 日，对注册在北京、天津、大连、哈尔滨、大庆、上海、南京、苏州、无锡、杭州、合肥、南昌、厦门、济南、武汉、长沙、广州、深圳、重庆、成都、西安等 21 个中国服务外包示范城市的企业从事离岸服务外包业务取得的收入免征营业税
2010 年 8 月	商务部等 5 部门	《关于支持和鼓励服务外包企业海外并购的若干意见》	1. 服务外包企业海外并购符合对外经济技术合作转向资金规定条件的，可申请资金支持。 2. 科技型中小企业技术创新基金、中小企业发展专项资金、中小企业发展专项资金对符合条件的服务外包企业给予支持
2015 年 12 月	国家税务总局	《关于〈适用增值税零税率应税服务退（免）税管理办法〉的补充公告》	适用增值税零税率应税服务的离岸服务外包业务的范围，按照《离岸服务外包业务》对应的适用范围执行
2016 年 10 月	财政部等 5 部门	《关于新增中国服务外包示范城市适用技术先进型服务企业所得税政策的通知》	沈阳、长春、南通、镇江、福州（含平潭综合实验区）、南宁、乌鲁木齐、青岛、宁波和郑州 10 个新增中国服务外包示范城市按照《财政部 国家税务总局 商务部 科技部 国家发展改革委关于完善技术先进型服务企业有关企业所得税政策问题的通知》的有关规定，适用技术先进型服务企业所得税优惠政策

第二类是人力资源政策。如表 10.2 所示。

表 10.2　　　　　　　　推动服务外包产业发展的人力资源政策

发布时间	发布部门	政策名称	重点内容
2009 年 1 月	国务院	《关于促进服务外包产业发展问题的复函》	1. 对符合条件且劳动用工管理规范的技术先进型服务外包企业，确因生产特点无法实行标准工时工作制的部分岗位，经所在地省级人力资源社会保障部门批准，可以实行特殊工时工作制。 2. 对符合条件的技术先进型服务外包企业，每新录用 1 名大专以上学历员工从事服务外包工作并签订 1 年以上劳动合同的，中央财政给予企业不超过每人 4500 元的培训支持；对符合条件的培训机构培训的从事服务外包业务的人才（大专以上学历），通过服务外包专业知识和技能培训考核，并与服务外包企业签订 1 年以上劳动合同的，中央财政给予培训机构每人不超过 500 元的培训支持。 3. 同意建立国际服务外包业务人才库和服务外包人才网络招聘长效机制，设立服务外包研究机构和行业性组织
2010 年 8 月	人力资源和社会保障部等 2 部门	《关于进一步做好促进服务外包产业发展有关工作的通知》	1. 扩大服务外包企业实行特殊工时制度的适用范围。 2. 加强服务外包企业实行特殊工时制度的管理和服务。 3. 做好服务外包企业享受"五缓四减三补贴"政策的落实工作。对符合享受"五缓四减三补贴"规定条件的服务外包企业，各地人力资源社会保障部门要将其纳入政策实施范围
2014 年 6 月	教育部等 2 部门	《关于创新服务外包人才培养机制提升服务外包产业发展能力的意见》	1. 优化服务外包专业和人才结构。 2. 完善服务外包人才相关标准。 3. 深化服务外包人才培养机制改革。 4. 引导服务外包相关专业大学生创新创业。 5. 推动高校毕业生到服务外包企业就业。 6. 健全服务外包人才培养政策和组织保障

第三类是金融外汇政策。如表 10.3 所示。

表 10.3　　　　　　　　推动服务外包产业发展的金融外汇政策

发布时间	发布部门	政策名称	重点内容
2009 年 1 月	国务院	《关于促进服务外包产业发展问题的复函》	制订符合服务外包企业特点和需要的信贷产品和保险险种。支持符合条件的服务外包企业境内外上市，拓宽服务外包企业融资渠道，扩大融资能力。对服务外包企业对外支付一定金额以下的服务贸易、收益和经常转移外汇资金，免交税务证明；采取多种方式对符合条件的服务外包企业发展离岸外包业务给予账户开立、资金汇总等方面的政策便利

发布时间	发布部门	政策名称	重点内容
2010 年 9 月	商务部 等 4 部门	《关于支持和鼓励服务外包企业海外并购的若干意见》	1. 加大间接融资支持力度。 2. 积极拓宽服务外包企业海外并购多元化融资渠道。 3. 支持各类社会资金通过参控股或投资方式支持服务外包企业发展。 4. 鼓励各类担保机构联合提供担保服务，提高服务外包企业信用等级
2010 年 10 月	商务部 等 2 部门	《关于服务外包企业人民币跨境贸易结算有关问题的通知》	为进一步推动我国服务外包企业更多地承接国际服务外包业务，更好地开拓国际市场，充分发挥人民币结算对贸易和投资便利化的促进作用，服务外包企业从事国际（离岸）服务外包业务可适用银发〔2010〕186 号文件以人民币结算，并可纳入国际服务外包业务统计，享受国家鼓励服务外包产业发展的政策措施

还有一些其他配套政策。如表 10.4 所示。

表 10.4　　　　推动服务外包产业发展的其他配套服务政策

发布时间	发布部门	政策名称	重点内容
2009 年 1 月	国务院	《关于促进服务外包产业发展问题的复函》	鼓励政府和企业通过购买服务等方式，将数据处理等不涉及秘密的业务外包给专业企业。电信企业经营者为服务外包企业网络接入、国际线路租赁提供便利，做好服务外包园区直达国际通信出入口的国际专用通道的调配和相关通信服务工作。建立和完善与服务外包产业特点相适应的通关监管模式，提供相应的通关便利
2010 年 11 月	工信部	《关于鼓励服务外包产业加快发展及简化外资经营离岸呼叫中心业务试点审批程序的通知》	对于一家企业以总分公司的形式在多个试点城市开展离岸呼叫中心业务，由总公司向其注册地所在的省、直辖市通信管理局和商务部门办理，各分公司不需另行办理申请手续，企业获得经营试点批文和《外商投资企业批准证书》后，各分公司在经营业务前到所在省、直辖市通信管理局备案
2014 年 12 月	国务院	《关于促进服务外包产业加快发展的意见》	1. 公布了北京、天津、上海、重庆、大连、深圳、广州、武汉、哈尔滨、成都、南京、西安、济南、杭州、合肥、南昌、长沙、大庆、苏州、无锡、厦门 21 个城市为中国服务外包示范城市。 2. 目标：到 2020 年，服务外包产业国际国内市场协调发展，规模显著扩大，结构显著优化，企业国际竞争力显著提高，成为我国参与全球产业分工、提升产业价值链的重要途径。 3. 政策措施：加强规划引导、深化国际交流合作、加大财政支持力度、完善税收政策、加强金融服务、提升便利化水平

第三节　我国服务外包发展现状

一、全国服务外包发展总体情况

在国家和各地方政府的大力支持下，我国服务外包产业从无到有，得到了迅速发展。

1. 服务外包规模持续增长

从表 10.5 中可以看出，2011～2020 年我国的服务外包执行金额迅猛增长，2011～2015 年增速较快，到 2016 年执行金额首次突破 1 000 亿美元。此后我国服务外包的增速有所减缓，增速在 10% 左右。2020 年服务外包执行金额 1 753.5 亿美元，同比增长 10.9%。

表 10.5　　　　　2011～2020 年我国服务外包产业发展状况

年份	服务外包		离岸服务外包	
	执行金额（亿美元）	增速（%）	执行金额（亿美元）	增速（%）
2011	323.9	63.59	238.2	64.91
2012	465.7	43.78	336.4	41.17
2013	638.5	37.11	454.1	34.99
2014	813.4	27.39	559.2	23.14
2015	966.9	18.87	646.4	15.59
2016	1 064.6	10.11	704.1	8.94
2017	1 261.4	18.48	796.7	13.2
2018	1 450.3	15	886.6	11.3
2019	1 580.8	9	968.9	9.3
2020	1 753.5	10.9	1 057.8	9.2

资料来源：根据商务部服务贸易和商贸服务业司 2017～2021 年的《中国服务外包发展报告》整理，http：//www.coi.org.cn/article/bt/.

2. 服务外包企业数量持续增多，吸收大量劳动力就业

从表 10.6 中可以看出，近些年几乎每年新增的服务外包企业数量都超过 5 000 家。到 2020 年底，我国服务外包企业数量为 60 574 家。

表 10.6　　　　　　　　2011～2020 年新增服务外包企业数量

年份	2011	2012	2013	2014	2015	2016	2017	2018	2019	2020
新增企业数量（个）	4 233	4 280	3 599	3 309	5 644	5 506	4 173	5 533	5 619	6 026

资料来源：根据商务部服务贸易和商贸服务业司 2017～2021 年的《中国服务外包发展报告》整理，http：//www. coi. org. cn/article/bt/.

同时，服务外包企业数量的增多也为就业市场提供了很多岗位。2018～2020 年，每年服务外包行业新增就业人数都破百万，其中大学生的比例更是占到了 50% 以上，能够很好地缓解大学生就业压力。见表 10.7。

表 10.7　　2014～2020 年服务外包行业新增从业人员和大学生从业者数量

年份	2014	2015	2016	2017	2018	2019	2020
新增从业人员（万人）	71.1	137.75	110.55	73.37	140	103	119
新增大学以上学历（含大专）（万人）	48.82	74.07	72.38	43.47	94.9	60.6	69.2

资料来源：根据商务部服务贸易和商贸服务业司 2017～2021 年的《中国服务外包发展报告》整理，http：//www. coi. org. cn/article/bt/.

3. 新兴业务快速发展

从表 10.8 中可以看出，我国 KPO、BPO、ITO 的离岸执行金额均在逐年增加，2011 年 KPO、BPO、ITO 的离岸执行金额分别为 61.5 亿美元、38.2 亿美元、138.7 亿美元；到了 2019 年，这一数额已经达到了 366.6 亿美元、175.5 亿美元、426.8 亿美元，分别增长了 6 倍、4 倍、3 倍。

表 10.8 **2011～2019 年我国 KPO、BPO、ITO 发展情况** 单位：亿美元

年份	KPO 离岸执行金额	BPO 离岸执行金额	ITO 离岸执行金额
2011	61.5	38.2	138.7
2012	95.6	52	188.7
2013	142.6	63.5	248
2014	186.7	79	293.5
2015	237.8	91.7	316.8
2016	257.1	116.6	330.5
2017	303.3	129.3	364.2
2018	—	—	—
2019	366.6	175.5	426.8

资料来源：根据商务部服务贸易和商贸服务业司 2017～2021 年的《中国服务外包发展报告》整理，http://www.coi.org.cn/article/bt/.

KPO、BPO、ITO 分别属于服务外包业务的高端、中高端和低端的环节，附加值和知识技术含量依次递减。从表 10.9 中可以看出，ITO 在我国服务外包产业中占的比重一直是最大的，然后是 KPO 和 BPO。但是近几年 KPO 的占比有所提升，ITO 的占比在缓慢下降。由此可见，我国知识流程外包等新兴领域有所突破，劳动密集型业务逐渐向高技术型业务转型。

表 10.9 **我国服务外包产业的内部结构** 单位:%

年份	KPO 比重	BPO 比重	ITO 比重
2016	30.7	20.0	49.3
2017	32.3	19.7	48.0
2018	31.5	20.5	48.0
2019	33.0	21.0	46.0
2020	34.1	20.2	45.7

资料来源：根据商务部服务贸易和商贸服务业司 2017～2021 年的《中国服务外包发展报告》整理，http://www.coi.org.cn/article/bt/.

具体而言，我国服务外包新领域新业务亮点突出。在 KPO 领域，2020 年检验检测服务外包执行额 27.1 亿美元，比 2015 年增长 6.1 倍，年均增长 48.0%；管理咨询服务外包执行额 9.3 亿美元，比 2015 年增长 3.6 倍，年

均增长 36.0%。在 BPO 领域，人力资源管理服务外包执行额 49.3 亿美元，比 2015 年增长 11.4 倍，年均增长 65.4%；互联网营销推广服务外包执行额 30.2 亿美元，比 2015 年增长 5.9 倍，年均增长 47.0%。在 ITO 领域，承接新一代信息技术开发应用服务外包执行额 13.5 亿美元，比 2018 年增长 176.9%；信息技术解决方案服务外包执行额 22.3 亿美元，比 2015 年增长 6.7 倍，年均增长 50.4%。①

二、上海服务外包发展概况

上海市是我国第一批服务外包示范城市，服务外包的规模领先全国。服务外包示范城市一直是中国服务外包产业集聚、体制机制创新的核心区，在服务外包发展中发挥了重要的引领作用。上海市在 2018 年度示范城市综合评价中整体得分 66.06，位列全国第三。2019 年，上海市服务外包执行额为 95.1 亿美元，同比增长 14.8%。其中，离岸服务外包执行规模排名第一，离岸合同签约额超 100 亿美元，离岸执行额为 94.8 亿美元，同比增长 14.8%。2021 年，上海市服务外包从业人数达 5.12 万人，约占全国的 10%。②

根据美国国际外包协会评选出的"2021 年全球服务外包企业 100 强"，入驻上海的就有 17 家。上海近 90% 的 BPO 执行额都是由技术先进型服务企业完成。基于大数据的市场营销、共享经济服务、基于区块链技术的智能服务、基因测序和分析等新模式新业态呈现较强活力。

上海服务外包产业集群逐渐表现出功能错位。例如，浦东软件园主要从事软件外包业务，张江金融信息服务外包园区主要从事金融后台服务外包业务，还有板块主要从事人力资源外包业务。

上海服务外包空间结构的分布已逐渐从中心区向周边重点地区分散。上海市服务外包产业的核心区域集中在淮海路商业街和浦东陆家嘴地区。在外

---

① 李西林. 中国服务外包产业面临总体有利发展态势［J］. 国际经济合作，2021（1）.
② 宋思源，敬艳辉，王旭阳. 中国服务外包示范城市高质量发展："十三五"回顾及"十四五"展望［J］. 国际贸易，2022（2）.

围，南汇区建立了市级专业服务外包产业园；宝山区建立了长江三角洲中小企业服务外包上海基地——宝山共富园区；松江也建立了运盛松江服务外包产业园。

三、北京服务外包发展概况

2009 年，北京获得国务院批准的"服务外包示范城市"称号，成为中国首批 20 个服务外包示范城市之一。2013 年，北京获得"中国软件名城"称号。2009～2016 年，北京市的离岸服务外包执行额从 10.5 亿美元增长到 49.1 亿美元，平均年增长率为 24.7%。北京市在 2018 年度全国服务外包示范城市综合评价中整体得分 71.04，位列全国第一。2019 年，北京市服务外包执行额在示范城市中排名第八，执行额规模为 75.7 亿美元，同比增长 26.4%。其中，离岸服务外包执行规模排名第三，离岸合同签约额超 100 亿美元，离岸执行额为 75.7 亿美元。[①]

北京的知识流程外包，尤其是以医药为代表的高端 KPO 业务，在过去几年里得到了快速的发展。保诺科技（北京）有限公司、北京诺和诺德医药科技有限公司、龙化成（北京）医药科技有限公司等北京地区 KPO 公司都在快速成长。他们在基础研究、平台开发、核心技术等领域取得了不俗的成绩。

北京服务外包也有区位分工。海淀、朝阳、密云等地以 ITO、转包和电话服务业务为重点；昌平、大兴、北京经济技术开发区等地以 BPO 服务为重点。朝阳金盏金融服务区、海淀稻香湖金融服务区、通州商务区、西城德胜科技园构成了四个金融服务区域；中关村软件园、永丰工业园区、上地信息化园区以 IT 服务业为主；中关村生命科学园则致力于生物科技和生命科学知识的外包。

---

① 李佳霖. 北京成全球服务业发展领先城市［N］. 经济日报，2020.9.3.

本章案例

中软国际

中软国际有限公司成立于 2000 年，为香港主板上市公司。中软国际是中国大型综合性软件与信息服务企业，提供从咨询、解决方案、外包服务到 IT 人才培养的"端到端"服务。

中软国际服务遍布全球。业务覆盖包括中国大陆地区、香港地区，美国普林斯顿、西雅图、奥斯汀、休斯敦和达拉斯，英国伦敦，爱尔兰都柏林和日本东京在内的数十个城市和地区。服务于 100 余家跨国企业客户，员工超过 23 000 人。服务行业包括政府、制造流通、金融银行、保险证券、移动应用、电信、公用事业、能源等。

目前公司提供的服务主要包括咨询服务、解决方案和集成与服务三大类。咨询服务包括战略咨询、业务咨询和信息化规划咨询。解决方案涉及电子政务、审计、行政许可管理、银行卡、信用卡、支付与清算等在内的 60 多个行业，以及包括 ERP、企业核心应用、企业微博、数据中心等在内的通用解决方案；集成与服务主要包括系统集成、系统维护和系统运行服务。

2022 年 8 月，中软国际有限公司（00354）发布 2022 年中期业绩。2022 年上半年，公司收入达 100.25 亿元，同比增长 20.2%；其中云智能业务收入 32.12 亿元，同比增长 50.8%。公司连续四年入围 Gartner 全球 ITS 服务商排名前 100 名，今年位列第 80 位，排名持续上升。

科锐国际

科锐国际是国内领先的整体人才解决方案服务提供商，也是国内首家登陆 A 股的人力资源服务企业。公司布局中国、东南亚、英国、美国、澳大利亚等全球市场，拥有 110 多家分支机构，2 200 余名专业招聘顾问，在超过

18 个行业及领域为客户提供中高端人才访寻、招聘流程外包、灵活用工、人力资源咨询、人才测评、培训与发展等人力资源全产业链服务。在过去 24 年中，公司已与 3 700 余家跨国集团、国内上市公司、快速成长性企业、政府以及非营利组织建立长期合作关系。

新冠肺炎疫情之下，灵活用工（外包用工）"异军突起"。科锐国际作为最早布局灵活用工的人力资源企业之一，灵活用工业务已经成长为重要的业务单元。科锐国际财报显示，2020 年上半年，公司实现营业收入 17.62 亿元，同比增长 5.2%；净利润 7 367.29 万元，比 2019 年同期增长 14.6%。其中，灵活用工收入 13.94 亿元，同比增长 8.95%。

（资料来源：科锐国际. 公司介绍［EB/OL］. https：//www. careerintlinc. com/profile. html；中软国际. 公司概况［EB/OL］. https：//www. chinasofti. com/aboutus/index. htm）

课后习题

一、名词解释

1. 服务外包

2. 知识流程外包（KPO）

3. 业务流程外包（BPO）

4. 信息技术外包（ITO）

5. 离岸外包

6. 近岸外包

二、判断题（正确的表达打"√"，错误的表达打"×"）

1. 知识流程外包（KPO）是指企业将自身的部分业务流程委托给专业化服务提供商，由其按照服务协议要求进行管理、运营和维护。　　　（　　）

2. 2006 年，我国将北京、天津等 20 个城市确定为中国服务外包示范城市。　　　（　　）

3. 近年来，我国服务外包企业数量持续增多，吸收了大量劳动力就业。

（　　）

4. 北京市在 2018 年度全国服务外包示范城市综合评价中得分 71. 04，位列全国第一。 （ ）

三、简答题

1. 简述服务外包的特征。

2. 列举三项以上我国推动服务外包发展的政策。

2. 简述我国当前服务外包的发展概况。

参考文献

［1］蔡彤娟，郭小静. 京津冀协同发展中的北京服务外包产业提升策略［J］. 现代营销，2019（3）.

［2］刘海月. 中国承接国际服务业外包的优势与对策分析［J］. 中国商贸，2011（9）.

［3］宋思源，敬艳辉，王旭阳. 中国服务外包示范城市高质量发展："十三五"回顾及"十四五"展望［J］. 国际贸易，2022（2）.

［4］王晓红. 我国服务外包产业的转型升级与创新发展［J］. 中国社会科学院研究生院学报，2019（1）.

［5］王燕妮，李华. 论服务外包产业领域的分类及发展方向［J］. 商业时代，2012（13）.

［6］文瑞. 中国服务外包产业发展的现状、困境与对策［J］. 区域经济评论，2021（5）.

［7］中国服务外包研究中心，2019 年/2020 年中国服务外包研究报告［EB/OL］. http：//www. coi. org. cn/article/bt/bs/.

［8］Driffield N. , V. Pereira, Y. Temouri. Does offshore outsourcing impact home employment? Evidence from service multinationals［J］. *Journal of Business Research*，2019（C）020.

［9］Amiti M. , J. W. Shang. Service Offshoring and Productivity：Evidence from the US［J］. *World Economy*，2009（2）.

后　　记

本教材是国内第一部综合性的"外贸新业态"教材。当前，新业态教程编撰难度大，涉猎者非常少。其原因主要如下：一是传统的贸易理论框架难以解释贸易新业态新模式，如没有考虑信息技术对贸易的深刻影响；二是部分业态发展不成熟，还处在快速的变化中，还没有定型，从而很难开展分析，如外贸综合服务，出现迄今才七八年时间；三是部分新业态为中国所独有，他国学者关注很少，如市场采购贸易；四是新业态新模式多而杂乱，难以整理，包括跨境电商、数字贸易、离岸贸易、服务外包、融资租赁、邮轮旅游等10余种。本教材是编写团队在"外贸新业态"教材领域大胆的尝试，也是抛砖引玉之作。

本教材的出版，得到广东外语外贸大学广州国际商贸中心研究基地、广东外语外贸大学教务处、广东外语外贸大学经济贸易学院的资助和帮助。在此一并致谢。

本教材是团队合作的结果。周骏宇教授、张昱教授参与了所有章节的撰写；除此之外，参编情况如下：刘红娟教授（第一章）、张晶晶讲师（第六章）、袁群华副教授（第八章）、孙丽丽（第二章、第五章）、龚雅雯（第三章、第七章）、李思祎（第四章、第十章）。

由于我们学识有限，书中肯定还存在着这样或那样的缺陷。请读者们多多指正。

编　者

2022 年 10 月